洪　涛　主编

中国流通产业的MSCP分析

驱动力
结构
行为
绩效

MSCP Analyse of China's Circulation Industry

图书在版编目（CIP）数据

中国流通产业的 MSCP 分析/洪涛主编. —北京：经济管理出版社，2011.9

ISBN 978-7-5096-1613-0

Ⅰ. ①中… Ⅱ. ①洪… Ⅲ. ①商品流通—产业经济—研究—中国 Ⅳ. ①F724

中国版本图书馆 CIP 数据核字（2011）第 190925 号

出版发行：经济管理出版社
北京市海淀区北蜂窝 8 号中雅大厦 11 层
电话:(010)51915602　　邮编:100038

印刷：北京银祥印刷厂　　经销：新华书店

组稿编辑：张永美　　责任编辑：任爱清
责任印制：晓　成　　责任校对：蒋　方

710mm×1000mm/16　　14 印张　　211 千字
2011 年 11 月第 1 版　　2011 年 11 月第 1 次印刷
定价：39.00 元
书号：ISBN 978-7-5096-1613-0

·版权所有　翻印必究·

凡购本社图书，如有印装错误，由本社读者服务部负责调换。联系地址：北京阜外月坛北小街 2 号
电话:(010)68022974　　邮编:100836

前　言

长期以来，传统的产业经济学主要采用 SCP（Structure Conduct Performance，SCP）范式对产业或者企业进行分析，SCP 分析范式指由市场结构（Structure）、市场行为（Conduct）、市场绩效（Performance）相结合的一种研究模式，是 20 世纪六七十年代美国哈佛大学产业经济学权威贝恩（Bain）、谢勒（Scherer）等人建立的三段论式的产业分析范式，它是产业组织理论的主流学派——哈佛学派的核心理论体系。后来，美国许多具体行业的实证研究和政府、国会的产业组织政策制定等都无一例外地受到了这一范式及其衍生模型的直接影响。

随着产业经济学的发展，通过对企业典型案例分析，阐述了产业或者企业发展循环经济的内容、模式与分析框架，并提出基于"结构—行为—绩效（SCP）"范式及"压力—状态—响应（PSR）"模型基础上的企业发展循环"驱动力—结构—行为—绩效（MSCP）"分析框架，进而提出基于"经济、资源、环境"的综合绩效评价指标体系，开发了基于指数法的分析方法，结合企业进行了初步分析并提出了若干政策建议（见表 1）。

2009 年，北京工商大学贸易经济专业成为特色专业，在对这一专业进行创新和发展过程中，笔者提出了"靠主流、创特色"的贸易经济特色专业创新的指导思想，即一方面向主流经济学/产业经济学靠拢，用现代经济学分析方法研究流通经济问题；另一方面创贸易经济特色，继续和发展北京工商大学贸易经济学专业 60 年历史的传统特色，并使之发扬光大。

2011 年，在给产业经济学研究生中的非本专业进行补修流通经济学的时候，笔者引导 13 名同学开始探索用 MSCP 范式分析某一流通经济问题，在经过一个学期的指导、研究和讨论后，13 位同学均采取 MSCP 范式进行了分

表 1　MSCP 分析范式一览

驱动力（M）		政策法规
		经济压力
		社会期望
		自身成长需要
市场结构（S）	企业内部结构	资本构成
		组织结构
		产品特征
	区域结构	政府类型
		市场开放程度
		社会文化发展
市场行为（C）		纯经济投资
		生产运营
		环境治理与技术改造
		其他社会责任行为
市场绩效（P）		经济绩效
		环境绩效
		社会绩效

析，在经过了若干次研究和研讨会后，初步形成了 13 篇不同的论文。

流通产业是指商品流通的组织载体，是一个相对独立的产业组织，是一切实物贸易和服务贸易活动的组织群体，分为实物商品、服务商品、一系列贸易活动的组织。包括商品批发与零售业、住宿与餐饮业、物流配送业、电子商务业（电子商务是 21 世纪贸易的发展方向）、商务服务业（租赁业、拍卖业、典当业、旧货业、会展业、商业信息业、商业咨询业、商业培训业）、生活服务业（美容美发美体、沐浴沐足、洗染、摄影扩印、家政、修理）以及各类生产企业的分销渠道组织。

第一章对零售业第一次进行了 MSCP 分析（见表 2）。驱动力的研究主要集中于经济、技术、制度三个方面；市场结构主要集中于市场集中度、产品的差异化、市场进入壁垒、规模经济四个方面；市场行为主要集中于价格行为、投资扩张行为、并购重组行为三个方面；市场绩效主要集中于盈利能力、经营风险两个方面，这对于零售业的 MSCP 分析是一个探索，以资借鉴。

表 2　我国零售业的 MSCP 分析

驱动力（M）	经济
	技术
	制度
市场结构（S）	市场集中度
	产品的差异化
	市场进入壁垒
	规模经济
市场行为（C）	价格行为
	投资扩张行为
	并购重组行为
市场绩效（P）	盈利能力
	经营风险

第二章对百货业进行了 MSCP 分析（见表 3）。驱动力研究主要研究了多业态格局、外资流通企业进入、网络消费日趋繁荣、各种政策出台等；市场结构分析主要探讨了市场集中度、较高的进入壁垒和较低的退出壁垒；市场行为主要集中于价格行为、运营模式、并购行为、技术进步等分析。企业绩效主要集中财务绩效、规模绩效两个方面。

表 3　我国百货业的 MSCP 分析

驱动力（M）	多业态格局
	外资流通企业进入
	网络消费的日趋繁荣
	各种政策的出台
市场结构（S）	市场集中度
	较高的进入壁垒和较低的退出壁垒
市场行为（C）	价格行为
	运营模式
	并购行为
	技术进步
市场绩效（P）	财务绩效
	规模绩效

第三章对连锁超市业进行了MSCP分析（见表4），在规范化分析的基础上，提出了相应的政策建议：①加强企业自身建设，形成规模经济，从而提高行业的市场集中度。②企业应该提高店铺扩张方式的质量。③超级市场行业政策的正确引导。

表4　我国连锁超市业的MSCP分析

驱动力（M）	经济发展水平
	消费需求和消费方式的变化
	技术的革新
	企业自身发展的需要
市场结构（S）	市场集中度
	业态的差别化程度
	行业进入壁垒
	行业退出壁垒
市场行为（C）	价格行为
	投资扩张行为
市场绩效（P）	盈利能力
	经营风险

第四章对优质蔬菜产品市场进行了规范化的分析（见表5），在MSCP范式分析的基础上，提出了相应的对策，如优质蔬菜的生产对策、销售对策、消费对策。

表5　我国优质蔬菜产品市场的MSCP分析

驱动力（M）	政策法规
	经济压力
	社会期望
	企业自身发展的需要
市场结构（S）	优质蔬菜销售企业竞争
	优质蔬菜供方企业竞争
	优质蔬菜买方企业威胁
	优质蔬菜替代品的威胁
	潜在优质蔬菜销售企业竞争
市场行为（C）	生产者行为分析
	销售者行为分析
	消费者行为分析
市场绩效（P）	生产绩效分析
	销售绩效分析
	消费绩效分析

第五章对物流业进行了 MSCP 分析（见表 6），针对性地提出了问题，并提出了相应的对策建议。

表 6　我国物流业的 MSCP 分析

驱动力（M）	政策法规
	经济压力
	企业自身成长
市场结构（S）	市场集中度
	进入与退出壁垒
	规模经济水平
市场行为（C）	定价策略
	产品策略
	营销策略
	联盟与并购策略
市场绩效（P）	资源配置效率
	技术进步程度
	规模结构效率

第六章对经济型酒店业进行了 MSCP 分析（见表 7），提出了相应的对策：①选择合适的目标市场。②提高连锁经营管理能力。③体现不同特色，形成品牌差异。④控制成本，提升利润空间。

表 7　我国经济型酒店业的 MSCP 分析

驱动力（M）	政策法规
	经济压力
	社会期望
	企业自身发展的需要
市场结构（S）	市场集中度
	产品差异化
	进入和退出壁垒
市场行为（C）	价格行为
	竞争行为
	连锁特许经营与管理
市场绩效（P）	生产相对效率
	网络的外部性

第七章对制造商开通网络渠道进行了 MSCP 分析（见表 8），并得出了相应的结论。①选择合适的目标市场。②提高连锁经营管理能力。③体现不同特色，形成品牌差异。④控制成本，提升利润空间。

表 8 我国制造商开通网络渠道的 MSCP 分析

驱动力（M）	政策法规
	成本控制
	消费者驱动
市场结构（S）	市场集中度
	产品差异化
	进入和退出壁垒
	替代品的威胁
	潜在销售企业竞争
市场行为（C）	价格行为分析
	竞争行为分析
	连锁特许经营与管理
市场绩效（P）	生产相对效率分析
	网络的外部性

第八章利用 MSCP 分析法从驱动力、市场结构、市场行为、市场绩效四个方面分析我国流通业发展过程中面临的机遇与挑战（见表 9），分析了我国中小微型流通业存在信息化程度低的问题，并从政府和流通业自身方面提出相应的建议。

表 9 我国中小流通企业信息化的 MSCP 分析

驱动力（M）	政策法规
	经济压力
	企业自身成长需要
市场结构（S）	企业内部结构
	企业区域结构
市场行为（C）	经济投资
	技术改造
市场绩效（P）	经济效益
	社会效益

第九章对B2C电子商务模式下的物流配送进行了MSCP分析（见表10），提出了相应的对策建议：①积极发展电子商务物流主体——第三方物流。②提高信息化水平，实现信息“无缝连接”。③进一步完善物流管理体制，整合物流资源。④发挥政府对物流发展的促进作用和加强软硬件建设。⑤广泛开展物流培训与教育，培养高素质的物流经营管理技术人才。⑥完善与物流配送相配套的法律政策。

表10　B2C电子商务模式下物流配送的MSCP分析

驱动力（M）	政策法规
	经济压力
	社会期望
	自身成长需要
市场结构（S）	组织规模
	产品特征
	市场开放程度
市场行为（C）	经济投资和生产经营
	物质技术改造
市场绩效（P）	经济效率分析
	社会效率分析

第十章对我国物联网产业进行了MSCP分析（见表11），依据“十二五”规划，国家将在未来10年投入4万亿元大力发展物联网，智能建筑、智能办公、智能家居、智能农业、智能流通、RFID等十多个产业将是未来重点发展的领域。

第十一章从黄金商品属性、货币属性、金融属性三个方面论述了黄金的价格，从供给角度，分析了黄金存量、新的金矿开采成本、再生金、央行的黄金抛售等影响因素；从需求的角度，分析了饰金需求、工业需求、投资需求等影响因素；从宏观经济角度，分析了经济增长、货币政策、通货膨胀和利率水平、汇率变化、金融危机、政治格局等影响因素；从现实的角度，分析了石油价格波动的影响因素。论述了多种因素影响黄金价格的走势、波动、变化。面对黄金价格的波动，政府应该合理配置外汇储备，企业和个人应理性消费或者投资黄金。

表 11　我国物联网产业的 MSCP 分析

<table>
<tr><td colspan="2" rowspan="3">驱动力 (M)</td><td>政策法规</td></tr>
<tr><td>社会期望</td></tr>
<tr><td>自身成长需要</td></tr>
<tr><td rowspan="5">市场结构（S）</td><td rowspan="2">内部结构</td><td>组织规模</td></tr>
<tr><td>产品特征</td></tr>
<tr><td rowspan="3">区域结构</td><td>机构类型</td></tr>
<tr><td>市场开放程度</td></tr>
<tr><td>社会文化发展（公众参与）</td></tr>
<tr><td colspan="2" rowspan="4">市场行为（C）</td><td>纯经济投资</td></tr>
<tr><td>生产运营</td></tr>
<tr><td>环境治理与技术改造</td></tr>
<tr><td>其他社会责任</td></tr>
<tr><td colspan="2" rowspan="3">市场绩效（P）</td><td>经济效率分析</td></tr>
<tr><td>环境效率分析</td></tr>
<tr><td>社会效率分析</td></tr>
</table>

第十二章通过网上与网下多种调研方式对中粮“我买网”网上交易盈利模式进行了研究。采用“1+5”电子商务盈利模式分析范式，对中粮“我买网”进行了现状分析、问题分析、比较分析与完善分析，结合长尾理论分析了“我买网”网上交易盈利模式的现存问题。参考我国的宏观经济环境，从政府、企业、消费者三个层面对改善中粮“我买网”电子商务盈利模式提出了具体建议，同时为我国 B2C 类电子商务网站的网上交易盈利模式的现存问题提出改进建议。

第十三章为了探究北京西单大悦城的盈利模式，总结城市中心区购物中心运营经验，论文运用“1+5 盈利模式”的分析范式，对西单大悦城的成功原因及其需要注意的问题进行了分析。从我国购物中心盈利模式的现状、西单大悦城的盈利模式概况、西单大悦城盈利模式的优势与不足，以及对比西单大悦城与中友百货的盈利模式的不同特点进行分析。笔者企望通过对西单大悦城的盈利模式的分析，探讨城市中心区购物中心的盈利模式的探讨，以促进西单大悦城模式的进一步完善。

许多同学是第一次研究经济问题，而且是第一次撰写经济论文，因此，许多论文具有初步的探索意义，然而毕竟同学迈开了第一步。于是在此基础上，我进行了认真地修改、完善，形成了《中国流通产业的MSCP分析》。虽然存在许多不成熟，但是，形成了MSCP分析的初步成果，对从事流通产业经济研究的学者、实际工作者具有重要的参考价值和借鉴意义。

洪　涛

2011年6月30日

目 录

第一章　我国零售业的 MSCP 分析

冯　莉[①]

一、引言

零售是指向最终消费者个人或社会集团出售生活消费品及相关服务，以供其最终消费之用的全部活动。零售业除了销售商品之外，还包括饮食、服务、旅游、酒店业。从事零售活动的基本单位和具体场所是商店，而商店依据销售形式不同又分为不同的经营形态，即零售业态。这一定义包括以下几点：

（1）零售是将商品及相关服务提供给消费者作为最终消费之用的活动。如零售商将汽车轮胎出售给顾客，顾客将之安装于自己的车上，这种交易活动便是零售。若购买者是车商，而车商将之装配于汽车上，再将汽车出售给消费者则不属于零售。

（2）零售活动不仅向最终消费者出售商品，同时也提供相关服务。零售活动常常伴随商品出售提供各种服务，如送货、维修、安装等，多数情形下，顾客在购买商品时也能买到某些服务。

（3）零售业态分为有店铺业态和无店铺业态。无店铺业态包括上门推

① 冯莉（1988~），女，山西运城人，北京工商大学硕士研究生。研究方向：产业经济—政府规制。邮箱：lxwsfl@sina.com。

销、邮购、自动售货机、网络销售等。无论商品以何种方式出售或在何地出售，都不会改变零售的实质。

（4）零售的顾客不限于个别的消费者，非生产性购买的社会集团也可能是零售顾客。如公司购买办公用品，以供员工办公使用；某学校订购鲜花，以供其会议室或宴会使用。所以，零售活动提供者在寻求顾客时，不可忽视团体对象。在中国，社会集团购买的零售额平均达 10%左右。

2010 年国内消费品市场保持了平稳较快的发展，全年社会消费品零售总额 15.7 万亿元，同比增长 18.4%，扣除价格因素，实际增长 14.8%。在经济增长中，消费拉动经济增长 3.9 个百分点，贡献率达 37.3%，呈持续增长态势。零售业对国民经济的推动作用明显，因此对零售业进行研究十分必要。

传统的对零售业的分析都基于 SCP 范式，对零售业发展的驱动力研究很少。本章在传统 SCP 范式的基础上引入驱动力 M，其中，驱动力 M 影响市场结构，市场结构决定市场行为，并通过市场行为决定市场绩效。同时，市场驱动力、结构、绩效之间也有反作用关系。

二、驱动力（M）分析

零售业的驱动力可以从经济、技术和制度三个方面加以分析。

（一）经济方面

基于波特的竞争分析模型，把零售业竞争的驱动力分为需求方、供给方、零售业内现有竞争者、潜在进入者和替代品五个方面。

（1）消费者需求是零售业发展的最根本驱动力。零售业态的变迁，从最早的杂货铺到百货商店到超级市场再到连锁商店，其根本原因在于随着经济的发展和消费水平的提高，消费者的消费习惯和消费方式也发生着快速变化，消费者的价值观也越来越有个性，从而形成了日益复杂和多样化的消费需求，各种业态也随之出现，从不同角度满足消费者偏好。消费者是零售业最直接、最有效的驱动力。

(2) 首先，供应方对零售业的直接影响是各种供给产品的更新换代，以致下游零售业不得不适应上游供应方的变化。其次，供应方对零售业的影响体现在各种服务的创新需求上。从某个方面讲，这种服务需求也可归类为需求方影响，此时上游供应方作为下游服务业的需求方，对服务业的创新提出了各种配套需求。

(3) 零售业内现有竞争者对零售业的影响最为直接。零售业内竞争激烈，各个零售企业必须在成本、服务和业态等方面拥有自己的竞争优势，实行差异化战略，才能迎合消费者偏好从而在市场上生存下去。零售业态的变化就反映了这一直接影响。

(4) 潜在进入者使得在位零售企业必须密切关注潜在进入者的各种动态及其对企业经营的影响。随着互联网和通信技术的发展，零售业的无店铺零售业态发展很快，这种潜在进入者的成本很低，因此对在位零售企业提出了竞争挑战，迫使其尽快在运营过程中应用各种先进技术和发展各种无店铺业态，尤其是发展网络销售渠道。

(5) 替代品对零售企业的一个新的影响就是团购。团购就是团体购物，指的是认识或者不认识的消费者联合起来，加大与商家的谈判能力，以求得最优价格的一种购物方式。根据薄利多销、量大价优的原理，商家可以给出低于零售价格的团购折扣和单独购买得不到的优质服务。团购的力量使分散的消费者集合起来，类似于将零售变为批发，因此会对零售业产生影响。尽管团购还不是主流消费模式，且团购在具体实施中存在种种问题，但它所具有的影响力已逐渐显露出来，这要求现有零售企业要提前积极对此提出应对措施。

（二）技术方面

技术创新对零售业的影响非常巨大，技术创新是零售企业发展和生存的必要条件。技术创新包括各种新型设备的应用和经营技术、管理技术三方面的创新：①企业管理 ERP 系统、高效消费者响应（ECR）、配送中心管理系统、供应链管理（SCM）、客户关系管理（CRM）、供应商关系管理（SRM）、商业智能（BI）及电子商务、前台 POS 售卖系统与金融、税务等单位的数据交换、NCL 语言等，已成为零售企业管理的必要手段。②2010 年零售业 IT 创新有四个普遍看好的焦点，它们分别是 POS 升级与新型 POS、移动技术、多渠道营销以及云计算。③所有成功的零售企业都是建立在利用信息技术整合优势资源、信息技术战略与传统物流整合的基础之上的。各大零售企业要加大技术创新的投入，积极研发新产品、新技术才可在竞争激烈的零售市场中保持其竞争地位，各中小零售企业要积极采用新设备、新技术，以降低运营成本，从而在市场上生存。

（三）制度方面

（1）加强政策扶持。零售业是人力密集型行业，也是资本和技术密集型行业。技术投入大，并且具有基础性的作用，而单个企业的承担能力有限。国家可以对零售业发展具有基础性作用的科技手段进行支持，主要包括物流建设、环保节能、技术引进、人才培训等企业投入大的四个方面。采取委托开展基础研究、政府进行专项培训、按项目给予补贴等方式进行，加快国内零售企业的科技进步，缩小中外零售商的差距，同时推动对国际领先零售技术的研究和引进。

（2）企业减负。政府各部门还应从审批手续、税收和银行贷款等方面，给予大力支持和优惠政策。零售业总体税赋较重，尤其是农副产品增值税。建议取消农产品流通环节的增值税，对于促进农产品流通，让利消费者，创造公平的经营环境都将起到非常积极的作用。在全球很多国家和地区，对农副产品采取免税政策。

另外，在影响零售企业经营成本的“农产品税抵扣”、“商业用电价格”等问题上，政府也应该给予关注并采取相应措施加以解决。

三、市场结构（S）分析

（一）集中度

在产业组织理论中，市场集中度是反映市场竞争和垄断程度的最基本的概念和指标。所谓的市场集中度是指市场中卖方、买方各自的供求规模及其分布。由于市场集中度是反映特定市场集中程度的指标，所以它与市场垄断力量的形成密切相关，正因为如此，产业组织理论把市场集中度作为影响和决定市场结构的首要因素。2010 年，“连锁百强”的前 4 家销售规模达到 5009.7 亿元，占“连锁百强”销售总额 1.66 万亿元的 30.2%，前 8 家企业销售规模达到 7055.2 亿元，占“连锁百强”销售总额的 42.5%。根据贝恩分类法，CR4≥30%或者 CR8≥40%为寡头垄断市场。根据这个标准，我国连锁零售业已明显呈现寡头垄断态势。

（二）产品差异化

多业态经营能够将各种业态的优缺点相结合，分散经营风险，未来一段时间仍是大型零售企业扩展经营规模的主要方式。根据 2010 年零售百强企业分析报告，多业态经营企业占百强企业的 60%。从近几年中国零售百强企业的统计看，仅我国百强零售企业就已经涉及了大型综合超市、百货店、标准超市、便利店、专业店、折扣店、仓储式会员店等多种有店铺业态和邮购、电话购物、电视购物、网上商店等无店铺业态。近年来网上商店发展迅速，各个零售企业纷纷建立与实体店铺相对应的网上商店，如苏宁电器的苏宁易购，国美电器的国美电器网上商城等。

但我们也应该看到，在激烈的市场竞争中，也有大型零售企业开始采取理性经营策略，不再盲目跟从开展多元化经营，在单一领域做大做强的大型企业数量将会越来越多。

（三）市场进入壁垒

（1）在位者规模经营产生的低成本。比如外资零售企业具有庞大的营销网络和配送能力，能够快速调整库存和不同市场的商品，加速商品周转，降低销售价格。另外跨国零售集团往往对一些商品采取买断形式，供货商为避免因代销带来的风险，愿意以较低的价格供货。如沃尔玛凭借其强大的资本实力可以要求供应商以低于其他商家 15%的价格供货，因此沃尔玛完全可以低于市场价对外销售，对周围零售商形成绝对成本壁垒（王俊，2005）。

（2）稳健经营产生的低成本属于策略性进入壁垒。它是企业在长期经营战略中为获得长期利润而不采取掠夺性定价，使得潜在进入者采取不进入策略的经营策略。

（3）先进信息技术对零售业盈利能力的影响愈发重要。零售企业运用先进信息技术不仅可以降低供应链成本，甚至可以为顾客创造一种全新的购物体验，这对于打造企业竞争优势起着重要作用，但是只有实力较强的大型零售企业才具备这样的技术优势。虽然成功企业的卖场管理经验、营销组合技巧等显性“软技术”很容易外溢而被新进入者效仿，但是缺乏隐性“硬技术”将成为制约新企业进入的一个巨大“瓶颈”。

（4）产品差异化进入壁垒。产生于消费者对某一商店的偏好和忠诚、广告和各种促销措施及策略对消费者偏好的影响。

（5）从选址壁垒角度看，零售业的特点决定了其对“选址”的高度依赖，尤其对有店铺零售业而言，店铺位置是不可复制的“垄断因素”，因此，对新进入者来说，“选址”就构成了重要的进入壁垒。

（6）对网上商店等无店铺业态而言，（1）、（3）、（5）三点构成市场主要进入壁垒。

（四）规模经济

规模的扩大会使企业的运营成本大大降低，产生规模效应。现在中国零售行业还没有形成像国外零售业那样的规模。只在一定程度上提高了综合毛利率，但各类经营费用居高不下，导致净利润率远远低于家乐福、沃尔玛等国际巨头。过高的运营成本归因于两个方面，外部是因为我国物流费用偏高；内部因素则缘于销售成本和管理成本偏高。

四、市场行为（C）分析

（一）价格行为

随着零售业寡头垄断态势的形成，零售业价格竞争激烈。价格竞争作为主要竞争手段，迫使商家采取各种灵活的价格策略，例如会员制、搭配销售、优惠折扣、季节性降价等。尤其是在节假日，“五一”、“十一”、周末等，成为零售企业价格战的主要时期，各企业纷纷对商品进行降价来吸引消费者。这种价格竞争已经成为我国零售企业最直接、最有效、最快速的竞争手段，也成为影响商品成本、服务水平、供需关系，以及零售企业利润最直接的因素。与此同时，各种非价格竞争也逐渐发展起来。如企业实施产品差异化策略，树立品牌形象，提高服务水平等。这种非价格竞争必然成为以后零售业竞争的主要手段。

（二）投资扩张行为

从我国零售行业整体上看，随着我国加入 WTO，零售业对外全面开放，外资不断进入、中国本土零售企业也不断投资扩张，加大了我国零售行业总资产的规模。限额以上零售企业从业人数与零售法人企业数量都在增加。为了取得更高的经营效益，零售企业本身采取了不断投资扩张的方式来实现效益增长，主要表现在门店数量的增加、营业面积的扩大、资产的增加等方面。零售业的竞争也更加呈现为资产实力的竞争。

（三）并购重组行为

并购重组行为始终伴随着企业的发展，它是企业不断壮大、竞争带来的结果，同时也是企业竞争力提升、产业升级的推动力。零售企业跨区域扩张的主要方式：一是跨区域开门店，二是跨区域开展并购。其中自 2004 年年底我国零售业全面对外开放以来，零售企业展开跨区域并购潮。近两年，随着资本市场的快速发展，并购资源的整合逐步加快，并购事件频发，成为零售企业跨区域扩张的主要战略。2010 年我国零售业跨区域并购事件继续增多，并购金额不断增加。2010 年零售百强企业主要跨区域并购事件有物美收购天津卜蜂莲花，家乐福收购保龙仓，苏宁收购日本家电零售商 Laox，国美收购库巴网等。

五、市场绩效（P）分析

零售业市场绩效指在现行的市场结构下，零售企业通过一定的市场行为在价格、产量、费用、利润等方面所达到的现实状态，是零售企业在市场竞争中所获得的最终成果的综合，反映了零售市场运行的效率。我们主要从盈利能力、经营风险两方面进行分析。

（1）盈利能力是指企业获取利润的能力，是评价企业绩效的最重要指标之一，可以通过销售利润率和成本费用利润率这两个财务指标加以衡量。

1）主营业务利润率。主营业务利润率是反映企业获利能力的重要指标，主营业务利润率越高说明企业销售收入获取利润的能力越强。2007 年，限额以上零售业主营业务利润率为 9.44%，比 2006 年提高 0.05 个百分点。主营业务利润率最高的行业分别是纺织、服装及日用品专门零售业，图书零售业，文化、体育用品及器材专门零售业；最低的是汽车、摩托车、燃料及零配件专门零售业，计算机、软件及辅助设备零售业，家用电器及电子产品专门零售业。超级市场零售业为 11.01%。

2）成本费用利润率。成本费用利润率是利润总额与成本费用总额之比。通过对我国限额以上零售企业成本费用利润率的计算，发现成本费用利润率与销售利润率的变化趋势基本保持不变，从成本费用利润率的角度可以补充说明我国所有零售企业的平均获利能力和成本控制能力较低。

（2）经营风险一般可以采用资产负债率对企业风险程度进行判断。资产负债率是指企业一定时期负债总额同资产总额的比率。适度的资产负债率表明企业投资人、债权人投资风险较小，企业经营安全、稳健、有效，具有较强的融资能力。国际上一般公认不高于 60%的资产负债率比较好。我国零售业全行业平均资产负债率自 1999 年保持相对稳定并略有回升，2007 年达到了 73.39%，比 2006 年提高了 0.37 个百分点。这说明我国零售业资产负债率偏高，要警惕陷入负债投资的恶性循环。

六、总结

我国零售业经过改革开放 30 多年来的发展，到现在已初步形成不错的发展局势，但与国际上成熟的零售业巨头相比，不管是在资金、规模、经营理念，还是管理和技术水平等方面都存在着较大的差距，因此，我国零售企业仍需要从六方面加以改进：①注重规模效益，推进大型连锁集团发展步伐。②发挥本土优势，抢先占领二、三线城市及农村市场。③吸取中外零售企业成功经验，引进优秀管理人才，发展现代化的科学管理机制。④积极发展网上商店，实现市场机会最大化。⑤大力发展第三方物流，努力降低物流成本。⑥加强零售业的法律法规建设。

参考文献

[1] 王述英，白雪洁，杜传忠. 产业经济学［M］. 北京：经济科学出版社，2006.

[2] 洪涛. 流通产业经济学［M］. 北京：经济管理出版社，2007.

[3] 夏春玉，汪旭晖. 中国零售业 30 年的变迁与成长——基于拓展 SCP范式的分析［J］. 市场营销导刊，2008 (6).

[4] 李金凯. 中国内外资零售企业竞争态势比较分析［J］. 商业经济与管理，2006 (5).

[5] 曹鸿星. 零售业创新的驱动力和模式研究［J］. 商业经济与管理，2009 (5).

[6] 方虹，郭鑫鑫，彭博. 现代信息技术与创新：零售企业发展的基石［J］. 中国科技投资，2009 (2).

[7] 中国连锁协会. 2009~2010 中国连锁零售企业经营状况分析报告［R］. 中国连锁协会，2010.

[8] 2010~2013 年中国零售业运行态势与发展前景报告［R］. 中国连锁协会，2009.

[9] 中国计算机与通信编辑部. 2010 年国外零售业信息技术进展回顾［J］. 中国计算机与通信，2011 (1).

[10] 周剑. 中国零售业连锁经营发展现状与对策分析［J］. 企业家天地，2011 (2).

[11] 杨智凯，宋源. 零售业态变迁的内在驱动力研究——美国经验与中国实践［J］. 上海管理科学，2006 (3).

[12] 王璐. 浅议中国零售革命——从制度的角度思考［J］. 市场论坛，2008 (3).

第二章　我国百货业的 MSCP 分析

郭　倩[①]

一、我国百货业的基本现状

近 30 年来，我国零售市场蓬勃发展，作为传统强势通路的百货业也开始面临来自商业地产、超市、专卖店等其他业态的挑战。我国百货业正处于地区割据的状态，其未来的发展面临着诸多的商机和挑战。目前，我国百货业正逐渐从高费用、强促销、一切跟供应商要利润的竞争方式走向注重内化管理和树立百货自身品牌的模式。一线城市中，购物中心的兴起对我国传统百货业的冲击较大，百货业的集中度不断提高，招商方式也从单店逐步转向区域的总部；而二、三线城市中，随着奢侈品消费的迅速延伸，一些实力雄厚的本土百货企业开始采用自己代理高端品牌的方式来提高竞争力和利润水平。

"十一五"期间，我国社会消费品零售总额平均增幅为 16.47%，百货业整体销售总额平均增幅为 16.52%，和社会消费品零售总额基本持平，且略高一点。我国开始进入新一轮的消费景气周期，为百货业发展提供了良好的宏观经济环境。2010 年，我国实现社会消费品零售总额达 15.7 万亿元，同

---

① 郭倩（1987~），女，北京工商大学硕士研究生。研究方向：产业经济—流通产业。邮箱：yingtaozhiyuan77@126.com。

比增长了 18.3%，扣除价格因素实际增长了 14.8%，其中城镇消费品零售额为 13.4 万亿元，同比增长了 18.8%。消费拉动经济增长 3.9 个百分点，对经济增长的贡献率为 37.3%。近几年，我国社会消费品零售总额的增速一直高于 GDP 和城镇居民人均收入的增速，消费市场逐步攀升。随着全球经济的逐步复苏，中高档的消费需求开始稳步回升，大型流通企业的销售规模也快速扩大。据国家统计局统计，2010 年限额以上的企业实现零售额达 5.8 万亿元，同比增长 29.9%，占社会消费品零售总额比重的 37.6%，比 2009 年提高了 3.4 个百分点。商务部监测的数据显示，2010 年 1~12 月，全国 3000 家重点零售企业的销售额同比增长 18.1%，增速比 2009 年加快了 10.6 个百分点，12 月金银珠宝的销售额同比增长了 39.1%，而且同比增幅连续八个月保持在 30%以上。我国百货业已经进入了新的黄金发展期。[①]

随着城市化进程的提速，未来我国百货业将面临更为广阔的市场。对百货企业来说，要想在行业变革中站稳脚跟，一方面要提升企业自身的商品选择能力，培育出自己的核心价值；另一方面可以加强与地产业的跨界合作，借助地产业向三、四线乃至四、五线大举扩张的契机不断扩展版图。近几年来，我国百货业坚持以消费者为中心，以市场为导向，以打造品牌服务为抓手，积极进行结构调整和品牌创新尝试，努力推进多业态经营和资本扩张战略，通过改装增容、开店拓业、并购重组等多种经营手段，扩大市场份额，提高经济效益，保持并强化了持续增长的发展势头，行业规模继续扩大，行业发展动力足、潜力大，总体运行健康平稳。

①《2010 年中国百货行业发展报告》，中国百货商业协会，2011 年 4 月 1 日.

二、我国百货业的 MSCP 分析

（一）驱动力（M）分析

在原有 SCP 范式上增添的驱动力分析，主要是从企业外部结构进行分析。我国百货业正面临着十分严峻的挑战，一方面，迅速变化的市场竞争环境和外资零售企业的大规模进入，使百货业的市场态势发生了深刻的变化。而另一方面，国家出台的一系列促消费的政策大大地推动了我国百货业的发展，市场形势得到了有效的改善。

1. 多业态格局逐渐形成

随着商品的日益丰富和消费者购买力的日益旺盛，商业体系与市场需求的矛盾不断激化，各种业态应运而生并快速发展。目前，我国已基本形成了百货商店、超市、仓储、购物中心、专业店、无店铺营销、直销等多业态并存的格局。此外，民营、国有、外资、股份等来自不同渠道的商业资本开始进入市场，百货店、超市、购物中心等不同组织形式、不同营销模式的行业企业在同一舞台争锋。消费需求的多元和善变赋予了市场无限生机，激烈的市场竞争促使行业不断整合。实力强大的行业龙头企业凭借资本和市场实力，上市融资、并购重组、跨区域开店、混合经营；中小零售企业攀品牌、拼促销、比服务，在市场较量中扩规模、提速度、提效益，百货超市化、超市百货化、百货购物中心化、百货专业店化等各种追求规模和速度的行业整合愈演愈烈，讲求质量和效益的行业调整也在逐步深入，竞争日趋白热化。一方面，专卖店、超市、大型购物中心、便利店等新兴业态的崛起和快速发展给我国百货业带来了较大冲击，但另一方面，它们又迫使百货业向着组织集体化、营运精细化、定位差异化方向发展。

2. 外商流通企业的进入

1992 年，中国政府批准了第一家外资背景的零售企业——上海八佰伴成立；2001年12月11日，中国正式加入WTO；2004年12月11日，中国零售市场全面开放，外资开始大举进入中国市场。自此，我国百货业的竞争日益深化。2010年，我国境内新设外商投资零售企业318家，同比增长13%，实际使用外资10.9亿元，同比增长9.1%。沃尔玛、家乐福、大润发等外资企业竞相发力，在开新店、争市场的比拼中，沃尔玛更是以新开店49家的强劲发展势头拔得头筹，成为外资零售开店最多的企业；大润发和乐购在内地新开的门店数也分别达到22家和21家；截至2010年底，家乐福在中国的门店数已经达到了176家。外商几乎渗透了广袤的中华大地的每个地区。出于增强品牌张力、追逐利润最大化的考虑，近年来，外资加快了由合资合作向独资的转型。

3. 网络消费日趋繁荣

随着科技水平的日益发达和网络消费的日趋繁荣，这给我国传统消费渠道带来了巨大的挑战。据中国互联网信息中心统计，2010年，我国网络市场的交易规模达到了5231亿元，同比增长了109.2%，相当于社会消费品零售总额的3.4%。可以预见，随着“80后”、“90后”逐步成为消费的主力群体，新型消费理念以及电子时代对消费的影响将日益彰显，网络购物、团购、代购等新型消费方式将继续以超常规的速度迅猛发展，革命性的消费方式迅速风靡，未来消费的载体将更加多元，消费的形式将更加多变，网购以及其他基于现代电子通信技术的无链路销售将使激烈的市场竞争不断深化。

4. 各种政策陆续出台

近年来，围绕扩内需，党和政府颁布实施了一系列惠民生、促消费的政策措施，消费市场引来了大发展的黄金时期。改善民生是市场快速发展的主要根基。随着中央政府一系列加速城镇化进程、加大对社会弱势群体扶持力度、加强社会保障体系建设的惠民、利民政策的实施，有效提升了市场的购买力，强大地拉动了内需市场。2006年，我国全面取消了农业税；2009年，在政府一揽子政策中，与百货业密切相关的居民服务和其他服务业投资增长了61.8%。此外，用于民生的财政支出也逐年增加，截至2010年底，我国用于民生的财政支出更是超过了1.6万亿元。

（二）市场结构（S）分析

市场结构是指特定产业市场内买卖双方的竞争结构，实质上则反映了市场竞争和垄断的关系。市场结构主要取决于以下三个因素：市场集中度、进入壁垒和退出壁垒。从目前的竞争状况来看，我国百货业仍处于地方割据的状态，全国性的百货品牌还在培养之中。

1. 市场集中度

市场集中度是衡量市场力量，判断市场结构的重要依据。其衡量指标主要有绝对集中度、HHI 指数、洛伦茨曲线等。一般认为，市场集中度越高，产业内竞争越低，企业对市场的控制力越大。从宏观上看，我国百货业仍是以地域为划分，市场集中度仍较低，总体表现为区际连锁竞争与区域龙头垄断并存的格局。随着市场的不断成熟和企业的快速发展，我国百货业的市场集中度也在缓慢攀升。

根据中国连锁经营协会对我国百货百强的销售资料统计来看，选取我国百货百强前四位和前八位的销售额占当年百货百强的总销售额比重作为衡量百货业集中度的指标，2009 年，我国百货业 CR4 为 15.1%，CR8 为 23.6%，同比均上升约 0.5%（见图 2-1）。由此也可以看出，我国百货业集中度仍然较低，但总体呈现稳步上升的态势，未来百货业的成长仍存在较大空间。

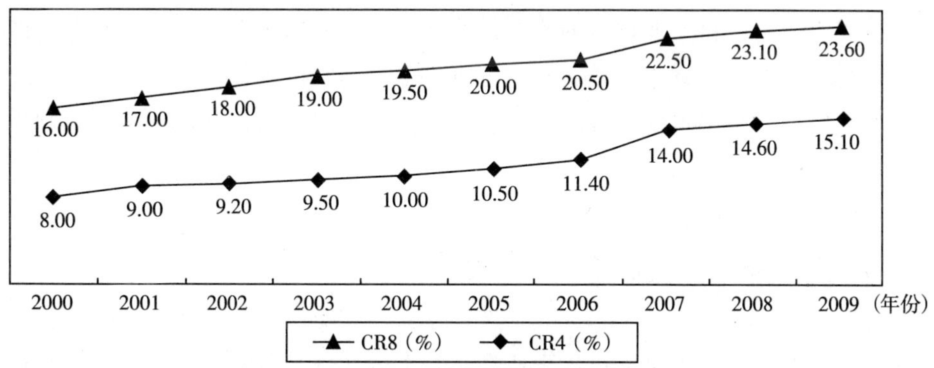

图 2-1　2000~2009 年中国百货百强行业集中度

资料来源：中国连锁经营协会。

2. 较高的进入壁垒和较低的退出壁垒

百货业是零售业中市场进入壁垒最好的子业态，并且存在不断提高的趋势，从而也进一步导致了新进入者的减少和市场集中度的提高。其中主要的进入壁垒有与规模无关的成本优势、资本需求和产品歧异等。

百货业地域特征明显、优质网点资源获取难度较大、品牌资源控制和单店经营管理难度也更高。上述特征决定了百货业相对较高的进入门槛，因此，百货业的竞争程度也不及超市和普通家电卖场等标准化程度相对较高的行业。百货店的销售额和城市网圈密切相关，由商圈优势导致的成本优势和资本需求构成了主要的进入壁垒。优质商圈的网点资源为本土百货零售商提供了比较明显的先行者优势，同时，各个城市商圈、网点资源的规划限制也在一定程度上使得新进入者的发展空间相对有限。近年来，优质店址成为稀缺资源，核心商圈的地租每年以5%的速度上涨，高额的资金投入以及经营模式上的差异化、经营管理上的复杂化都提高了百货业的进入门槛。因而，占据优质网点的百货零售商有望凭借已建立的商圈优势和良好口碑在竞争中处于较为有利的地位。另外，由于百货企业在资金、资源等方面的影响，同质化现象仍比较明显，定位趋同比较普遍，企业无法真正实施差异化、专业化的经营策略，产品歧异对提高行业进入壁垒作用实际上并不显著。对于外资零售商而言，对优质网点资源的获取和对本土文化、消费习惯的把握是其面临的最大挑战。

退出壁垒是指企业从市场的退出成本，企业退出市场的代价越高，退出壁垒越大。由于百货业现行的联销模式降低了企业退出的固定成本和专用性资产价值，使得企业退出壁垒较低。根据迈克尔·波特对壁垒和产业利润相关性的研究，我国百货业进入壁垒高，退出壁垒低的市场结构将使行业利润回报较高且风险较小。

（三）市场行为（C）分析

企业的市场行为是指百货企业在市场上为实现其目标而采取的适应市场要求而不断调整其行为的行为。近三年来，随着城市化进程的加快、居民生活水平的提高，以及房地产行业的快速发展，百货跨区域发展的势头逐渐加快。

1. 价格行为

会员制、搭配销售、优惠折扣等价格竞争手段往往是由于百货业的假日、主题经济和季节等行业特征。价格歧视是百货企业常用的定价行为，由于套利空间狭小，厂商能够通过有效识别不同顾客群，对商品进行不同定价以谋取高额利润。百货企业最常用的定价策略有三种：①二级价格歧视，即依据不同的消费数量收取不同的价格，如“两件 8 折，三件 7 折”。②时间价格歧视，即商家通过区别不同消费偏好及消费能力来提高利润，如新品的价格往往比较高，用来吸引高收入、追求时尚的消费者，之后再以降价出售来吸引大众消费者。③两部分收费，如在一些百货店，消费者可以通过支付一定的固定费用来获得会员卡或 VIP 卡，之后凭卡购物能累积积分，参与商家的打折促销活动。厂商通过价格歧视同时提高了利润和消费者满意度，从而改善了经济福利。但是，由于争夺的利润空间有限，商家之间盲目的价格战使得整个行业出现过度竞争。如以销售服装鞋帽、化妆品和金银首饰等价格弹性较高品类为主的百货公司，降价促销有利于其销售收入的大幅增加，但价格竞争行为的同质化和频繁化，使得其促进消费的边际效应呈递减趋势。结果是在此起彼伏的促销活动中，多家百货公司均套牢于自设的价格陷阱。

2. 运营模式

百货公司存在联营和自营两种运营模式，前者是由品牌商控制进、销、存过程的“品牌联营”模式，这种模式已经成为我国百货业的主流盈利模式，大约占到百货店总销售额的 80%~90%。而随着差异化竞争的加剧和个性化需求的兴起，自营模式开始成为百货业发展的主流趋势。目前，国内的百货业都以扣点联营的模式为主，但在个别品类的商品上，也存在买断、专营等模式。

联营模式能够有效规避传统百货自营模式的种种经营风险，降低财务成本和劳动力成本，也能很好地避免一些滞销商品带来的过期过季商品的“去库存化”压力。对于百货业而言，联营模式提高了商场的市场适应力，可以根据市场变化随时进行调整，企业抵御市场风险的能力也大为增强。但是，联营模式在将经营风险转嫁给品牌商的同时，也失去了构成业态本质特征的要素支撑，不利于对上游渠道控制能力的加强，这种控制能力往往与供应商品牌地位成反比，与百货公司的盈利能力成正比，国内各百货店自身的品牌在与国际一线品牌博弈的过程中具有明显的弱势，由此也制约了其盈利能力的提升空间。厂商与百货店在经营理念上的冲突，往往也制约了百货店连锁扩张的趋势，限制了规模效益的实现。目前，我国百货业平均毛利率仅在17%左右，净利率只有 3%~5%。而国外的百货业由于有商品自营能力和自有品牌的开拓能力，毛利率要远远高于本土百货企业，平均毛利率水平达到30%。

代理经营国际品牌、自营则成为改变这种渠道弱势地位的主要方式，百货公司利用自己的买手与品牌经理，直接向各个奢侈品牌进货，缩短渠道成本。而品牌流通渠道的通畅是零售商增强自营能力的关键所在。长期以来，品牌商的直营或地区多级分销代理制几乎垄断了一线品牌的流通渠道，从而成为百货公司自营模式的主要渠道障碍。此外，提高自营比例，必然带来经营风险的加大，这种风险对于以单体店为主导的我国百货行业来说，几乎是无法承受的。

3. 并购行为

由于企业无法通过价格策略获得长期的竞争优势，而不高的市场集中度和较高的进入壁垒为企业并购提供了较大的整合空间。商业企业通过收购合并模式，一方面可以实现低成本的快速扩张，突破商圈资源的制约，扩大销售规模及利润水平；另一方面对企业商誉的树立、影响力的扩大也提供了良好的契机。自 2003 年百货业并购浪潮掀起至今，并购的直接影响就是提高了市场的集中度和企业自身的盈利能力。市场上并购案的主要类型包括政府基于对国有零售资产整合而推动的大商股份的多地并购，拥有大股东的百联集团和王府井百货集团对上海和北京的零售资产进行整合，还有一批区域百货企业在区域内的重组扩张。但相比于超市业中外资并购的频繁发生，百货业的外资并购案目前并不多见。我国百货企业并购的动机主要在于并购所产生的协同效应，其产生的协同效益主要来源于收入的增加、成本的下降和税收的利得。此外，由于中国特有的国情，许多国有百货企业的并购带有浓厚的政府色彩，如将持有的零售企业的股权进行划拨、行使其大股东权益或者以其他行政手段促使企业的并购。

目前，我国百货企业的并购行为也存在一些问题。一是政府过度干预使并购的经济因素往往被忽视；二是激烈的市场竞争致使百货企业出现盲目并购现象，企业企图通过盲目并购实现超常规发展，这往往不利于提升企业的整体竞争力；三是各地区消费习惯的差异给百货业并购带来了较大的阻碍；四是企业并购后期，在文化整合、管理整合及资源合理配置等方面存在一定风险。

4. 技术进步

当前国内几乎所有成功的零售企业都拥有较为先进的信息技术与物流技术，包括 POS 技术、EDI 技术、RFID 技术、VMI 技术、单品管理技术、共同配送技术等。而管理、定价、布局、品牌、人才等“软技术”的提升也成为企业长期发展的重要战略。发展较为成熟的区域龙头企业往往具备一定的外部扩张潜力，软硬技术实力的提高则成为其外延发展的前期铺垫，信息化支持更是实现百货公司连锁经营的关键。中国零售企业 IT 总投资占零售总额的比例不超过 0.2%，与国际零售巨头 2%的比例相去甚远，具有较大的拓展空间。

（四）市场绩效（P）分析

企业的市场绩效度量是在一定的市场结构下，由企业市场行为所形成的价格、产量、成本、利润、产品质量和品种以及技术进步等方面的经济成果。我国百货业盈利收入的来源主要包括联营、自营、租金及其他收入。联营风险小，收入稳定，占我国百货业收入的很大部分；自营的风险较大，收入波动也较大，多用于奢侈品经营方面；租金是以续期为导向的，餐饮业方面的收入居多；其他的收入占比很小，主要是以连锁百货的管理等方面的收入为主。

1. 财务绩效

自 2001 年开始，我国百货公司开始向连锁化和多元化发展，销售额增长速度加快，人均销售额也有大幅度的增加。得益于整个零售业市场的繁荣，我国传统百货业开始向新型百货业转变，在此过程中保持着年均 12%的稳定成长，百货业的销售额持续增长。根据国家统计局统计数据，2009 年，我国百货业销售总额达到 6272 亿元，同比增长 12.4%；相较于 2003 年的 3110 亿元，增长幅度为 102%。从 2003~2009 年，我国社会消费品零售总额保持了 15%的平均成长率，而同时期，我国百货业的年复合成长率为 12.4%（见图 2-2）。这表明，近几年在各种零售业态中，百货业的发展处于相对低速的状态。

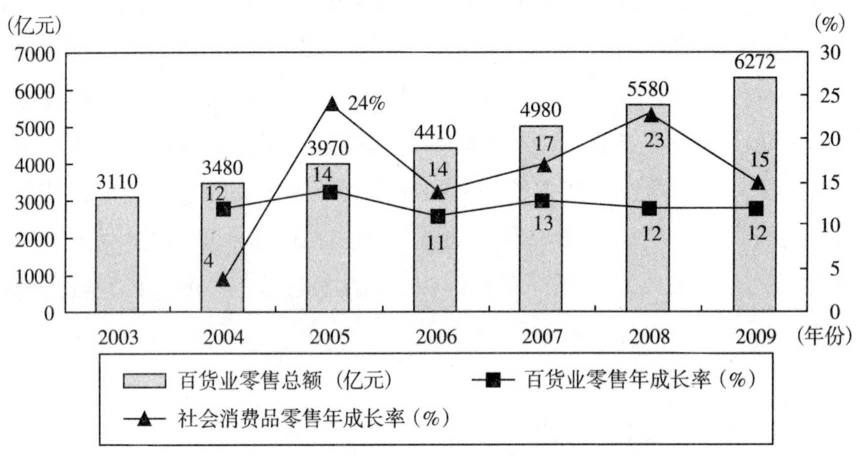

图 2-2　2003~2009 年中国百货业总销售额

资料来源：国家统计局。

此外，百货业同质化所导致的价格战、促销战，使得百货业的利润也有所减少。2004~2009 年，虽然百货业的毛利从 15%增长到 20%以上，但百货业的净利润率仍不到 5%（见图 2-3）。整个行业的低利润导致各家百货企业都在积极调整，从扩大规模和差异化两个方面提升盈利能力。

2. 规模绩效

目前，我国许多百货企业已进入一个快速稳定的发展时期。百货业销售规模的增长，在很大程度上有赖于店铺数量的增加。自 2005 年开始，随着

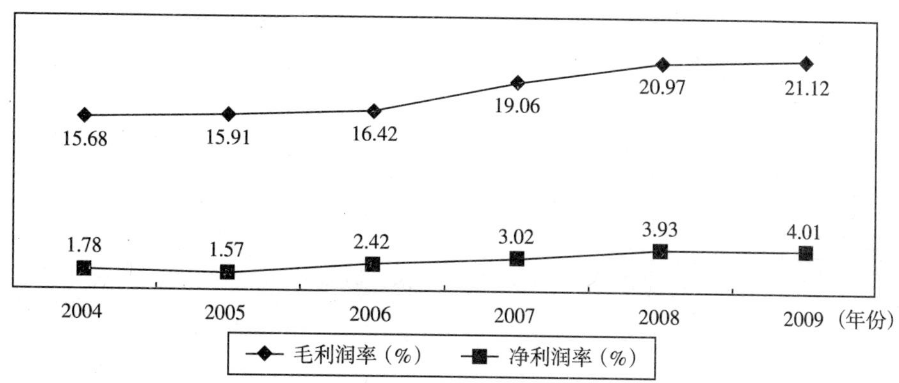

图 2-3　2004~2009 年百货行业平均利润率

资料来源：中国连锁经营协会。

百货店之间逐渐频繁的并购行为，百货企业规模不断扩大，百货业单店数量以年均复合成长率 16.7%的速度增加，截至 2009 年，国内限额以上百货商店的单店总数由 3947 家增加到 7330 家；与此相应的，百货店总面积也以 20.6%的年均成长率扩张，截至 2009 年，我国百货业通路总面积已经高达 185 万平方米（见图 2-4）。这两个数据相结合，可以看到百货店单店面积在近五年呈现稳中缓升的态势。

虽然我国百货企业的销售规模增长较快，但也出现了规模增长与效益增长不同步的状况。①百货店的营业费用快速增长，营业费用的增幅已不同程度地超过主营收入的增幅。②相比于零售业其他业态，百货业在整个零售业中的市场地位有所下降。随着近几年超级市场和专业店的强势兴起，传统百货业的市场被逐步瓜分。在市场份额、商品销售额、单店数量、通路总面积等方面百货业所占的比重都有大幅度下降。

三、我国百货业的发展战略

本章利用 MSCP 范式，分析了我国百货业的发展现状：①我国百货业市场集中度正逐步提高，未来仍存在较大的上升空间。②我国百货业的竞争日渐激烈，普遍采用价格策略和规模扩张的方式，但却容易形成价格恶性竞

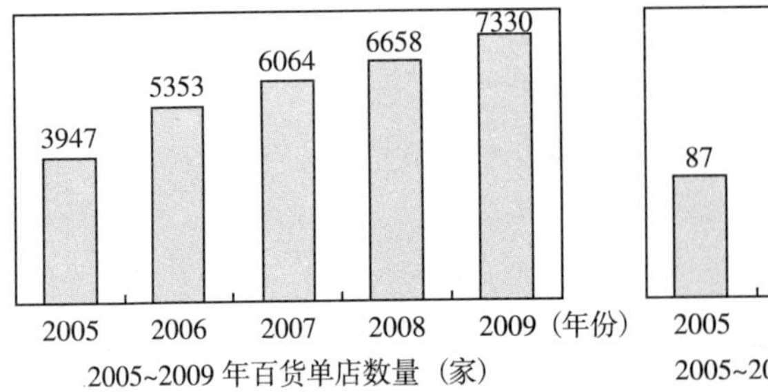

2005~2009 年百货单店数量（家）

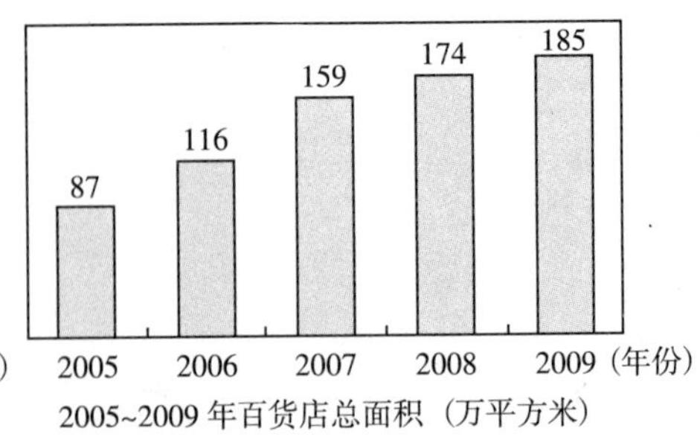

2005~2009 年百货店总面积（万平方米）

2005~2009 年百货平均单店面积（平方米）

图 2-4　2005~2009 年我国百货店单店面积增长态势

资料来源：国家统计局。

争，导致企业利润下降。③市场结构趋于集中和有效的企业行为促使了百货企业市场绩效的增长，企业效益的提高也为企业采用并购、差异化经营等企业行为，进而更进一步提高市场集中度提供了资金保障。④我国百货业的健康发展既需要政府有效政策的保证，也需要百货企业自身的积极创新，形成自己独特的竞争优势。

目前，我国百货业过于集中于大城市，总体呈现不平衡状态，竞争处于无序状态；但我国城市化水平仍在提高，百货业的发展空间仍然较大。为了增强我国百货企业的市场竞争能力，我们必须尽快树立现代百货经营理念，建立强大的企业网络体系和庞大的支持系统，推行高效的电子化管理，进行跨区域的强强联手，提高网络经营水平，构建我国现代百货业框架。未来，我国百货业将更加多元化、现代化，连锁百货业、主体百货业、社区百货业、专业百货业、购物中心、网上百货都将是我国百货业的发展趋势。结合本章的分析，我们对百货业的发展提出以下发展建议：

（1）加强政府的市场服务功能。主要包括进一步加强城市商业网点的规划建设，逐渐形成科学的规划建设，即注重加强大型百货企业与供应商关系的设计，改善零售关系，建设和谐的商业环境。

（2）企业战略的重塑。我国百货企业战略重塑的重点主要有以下几个方面：

首先，防止盲目扩张倾向。要注重区域选择与进入模式的战略选择，防止出现盲目扩张导致的管理等软件的不匹配。在选择区域时，要尽可能在非饱和区域开店，避免进入竞争激烈的区域。进入模式要尽可能以并购为主，避免以开设新店的方式进入。要积极实施连锁经营，我国百货企业连锁经营的关键就在于准确的市场定位和良好的选址，并且需要打破地区、部门和行业的限制，同时注意解决分散进货问题，即从分散采购到集中统一采购，从进销合一到进销分离。实现连锁化经营既是现有地区性龙头企业保持自身区域优势地位的方法，也是后进者快速提高竞争力的有力武器。

其次，努力通过差异化经营战略打造竞争优势。目前，我国的百货业同质化经营严重，解决这一问题的办法就是实施差异化战略。面对其他零售业态的竞争和消费者偏好的改变，处于成熟期的百货企业应采用以追求和创造营销特色为核心的竞争战略，形成自身的竞争优势，在具备成本优势的情况下，企业可以将稳健的低价策略作为自己竞争优势的根本，在没有成本优势的情况下，可以在产品、服务、环境、便利和体验等方面形成竞争优势。差异化战略的重点在于打造独特的企业核心价值和品牌，形成“名、特、新”发展格局。主要包括两个方面的内容：一是核心价值差异化，打造市场适应能力。每家百货店需要有自己与众不同的核心价值，像燕莎的“享受型服务”、翠微的“家园式服务”等。核心价值决定了百货店的风格，而创新文化个性又是构建核心价值的重中之重。企业文化的确立需要和企业的定位及目标客户的特征相吻合。二是品牌差异化，提高营销创新能力。品牌差异化与百货店独特的市场定位和市场细分相结合，是营销创新的核心。百货店的品牌主要是通过“品牌组合”策略为基础来展示自己的品牌。但是，开发百货店“自主品牌”才是最具成效的品牌策略。自主品牌有利于百货店形成长期稳定的无形资产，节省相关的营业费用。

参考文献

[1] 安仲任. 中国百货业 SCP 分析 [J]. 合作经济与科技，2011 (2).

[2] 李作战. 中国百货业的发展及其出路 [J]. 辽宁经济技术职业学院学报，2007.

[3] 刘力. 中国百货业的 SCP 范式分析 [J]. 湖南医科大学学报，2008 (5).

[4] 王妙. 差别化竞争的个性研究 [J]. 上海经济研究，2007 (7).

[5] 张伟，朱明伟. 我国零售业并购动机的维度分析 [J]. 管理研究，2007 (9).

[6] 闫昌晶，赵德海. 中国百货业的现状及发展趋势 [J]. 商业研究，2003 (1).

[7] 肖雪. 中国百货业的市场态势及发展战略 [J]. 经济纵横，2001 (8).

[8] 赵凯. 对我国零售产业市场集中度的实证分析 [J]. 财贸经济，2007.

第三章　我国连锁超市业的MSCP分析

张向妮[①]

SCP模式指由市场结构（Structure）、市场行为（Conduct）、市场绩效（Performance）相结合的一种研究模式，是20世纪六七十年代美国哈佛大学产业经济学权威贝恩（Bain）、谢勒（Scherer）等人建立的三段论式的产业分析范式。它是产业组织理论的主流学派——哈佛学派的核心理论体系。后来，美国许多具体行业的实证研究和政府、国会的产业组织政策的制订等都无一例外地受到了这一范式及其衍生模型的直接影响。随着产业经济学的发展，通过对企业典型案例分析，阐述了企业发展循环经济的内容、模式与分析框架，并提出基于“结构—行为—绩效（SCP）”范式及“压力—状态—响应（PSR）”模型基础上的企业发展循环“驱动力—结构—行为—绩效（MSCP）”分析框架，进而提出基于“经济、资源、环境”的综合绩效评价指标体系，开发了基于指数法的分析方法，结合企业进行了初步分析并提出了若干政策建议。本章通过MSCP分析框架对我国连锁超市行业的发展进行了研究分析，以期对我国连锁超市行业的发展提出建设性的建议。本章中的超级市场包括大型综合超市、标准超市、仓储式会员店、便利店等业态。

---

① 张向妮（1986~），女，陕西宝鸡市岐山县人，北京工商大学硕士研究生。研究方向：产业经济—流通经济。邮箱：zhxn2011@126.com。

一、驱动力（M）分析

20世纪90年代以来，在流通体制改革和对外开放的推动下，中国零售业经过10多年的发展，取得了惊人的成绩。在对外开放以前，中国零售市场长期保持着百货商店一统天下的单一格局，百货商店的市场份额达到60%以上。但自从对外开放以来，随着消费者需求的变化和零售市场竞争的加剧，大型综合超市、超级市场、便利店、专业店、专卖店、家居中心、仓储商店等新型零售业态得到了快速发展，并且已经成为中国零售业规模扩大的主要动力。据统计，2010年，百强企业的销售规模出现较大幅度增长，其中大部分是区域型连锁企业；百强中的外资企业主要经营大型超市业态，在该领域逐渐占据主导地位，其中主要5家外资大型超市新增店铺140家，新开店数比上年增加了22%；以经营百货为主的连锁企业占据了1/3的百强席位。35家主营百货的连锁企业的销售额和店铺数量平均增幅分别为23.2%和18.5%，明显高于超市连锁企业；突出的是，百强企业中有34家开展了网络零售业务，实现销售规模约30亿元，访问量和销售额较大的网店主要集中在家电和百货企业所营运的平台，这标志着网上零售已经初具规模。

连锁超市行业是零售业的一种主要业态形式，它的出现不仅改变了零售业传统的柜式销售方式，而且也改变了消费者的购物方式和生活方式，因此，连锁超级市场的出现被誉为“零售业的革命”。推动中国连锁超市业发展的因素是来自多方面的，总体来说，其发展的驱动力主要来自以下几个方面：

（1）经济发展水平的提高。经济发展水平乃至人民收入水平的提高是我国连锁超市行业发展的最重要的驱动力，其中超市就是人均收入在500~1000美元的基础上才出现的，而且经济发展水平的提高，会带来分销手段的进步、社会服务机构功能的完善、交通和通信技术的提高，这些为我国小型店铺通过连锁化经营实现规模效益提供了保证，从而推动了便利商店、小型超市等零售业态的发展，使我国连锁超市行业快速地发展起来。

(2) 消费需求及消费方式的变化。消费需求及消费方式的变化是我国连锁超市行业发展变化的根本原因，特别是近十年来城市居民工作、生活与消费方式的变化，已积累成为推动零售业发展变革的巨大力量。快节奏的工作和生活方式，制造业的现代化，服务业的全面发展以及专业服务行业的高速成长带来了就业人口、职业特征、收入水平的结构性变化；城市家庭的小型化，成功人士、白领阶层交通工具的私人化、居住郊区化，休闲时间增多及弹性化，职业工作、休闲及旅游半径的扩大化等，使得零售商们不得不捕捉消费需求的变化，从中探索企业发展的机遇，从而更大限度地满足消费者的需求。

(3) 技术的革新。这里所谓的技术革新是指适应社会经济发展状况、人们消费习惯及偏好变化的物流、信息技术及管理技术的革新。零售业的进销调存基本业务包含无数信息，对消费市场的调查、对顾客的需求与购买行为分析也包含大量的信息处理，因此零售业与信息业是天然的盟友，信息技术的进步为零售业的现代化及该产业的延续性提供了必不可少的技术条件。例如，现在很多广东及内地的民营企业也大量投入资金，高起点建立 POS、条码技术及后台电脑分析系统，开展 BtoB、BtoC 电子商务等。可以预见新阶段以信息处理技术为核心的零售运营管理技术将成为连锁经营成功的关键，进而将成为决定市场竞争生存的必要条件。

(4) 企业自身发展的需要。连锁经营行业就其行业本身来说，具有竞争的特性。特别是，近 20 年天然的低进入壁垒和政府鼓励非公有制商业的壮大，放宽对外商投资发展零售业的政策等，都大大激活了市场力量。各类规模、经济成分连锁经营企业纷纷降生，在市场中拼杀，商铺开张与关闭等，成为市场每天都可能发生的事情。特别是引入外资，导入国外先进连锁企业的经营理念、技术、管理方式后，更加速了连锁企业“更新换代”的变革和全面的竞争。进入新阶段，业内竞争将在业态之间、业态之内、城市不同商圈之间、本土企业与外资企业之间、同一规模级别的著名企业之间广泛展开，迄今为止及未来趋势的竞争还是良性的，将会促进企业的分化和优胜劣汰，在日益激烈的竞争环境下，企业要想使自己立于不败之地，就必须不断地进行创新，寻求更好的发展机遇，使其在该行业无论是规模还是竞争力方面都能快速地强大起来。

二、市场结构（S）分析

市场结构，是指市场或产业结构涉及影响竞争过程性质的那些市场组织特征，其衡量指标包括行业的市场集中度、产品差异度、进入壁垒、退出壁垒等。

（一）行业的市场集中度

《2010 年度全国大型零售企业主要经济指标及主要商品销售情况》报告显示，2010 年，我国社会消费品零售总额达到 156998 亿元，比 2009 年增长 18.3%，扣除价格因素，实际增速达到 14.8%；人均社会消费品零售总额达到 1.1 万元，正式进入万元时代。出于数据可得性的考虑，我们只能以 2000~2006 年连锁超市业态的百强前 4 位和前 8 位为例，对连锁超市行业的市场集中度进行分析。

从表 3-1 的数据中可以看出，从 2000~2006 年我国连锁超级市场行业的 CR4 和 CR8 逐年有所提高，CR4 值从 2000 年的 0.76%上升至 2006 年的 3.44%；CR8 值从 2000 年的 1.24%上升至 2006 年的 4.82%，但是仍然处于相对低下的水平，与 CR4 > 30%或者 CR8 > 40%相去甚远。由此可以看出，这个行业的市场集中度还是处在一个极其低下的状态，说明我国连锁零售业仍然是一个完全竞争的行业。但是产业集中度的进一步提高是必然的趋势。根据中国连锁经营协会最新公布的有关统计数据显示，苏宁电器集团以 1562 亿元的销售规模位居中国连锁百强榜首，国美电器、百联集团有限公司、大商集团有限公司、华润万家有限公司分别以 1549 亿元、1037 亿元、862 亿元、718 亿元的销售业绩排名第二至第五位。根据这些数据，可以计算出我国连锁超市行业的 CR4 值现在为 3.19%，这说明我国连锁超市行业已经不再是完全竞争市场，在一些地区，一些大型超级市场甚至表现出明显的垄断竞争或者寡头垄断态势（见表 3-1）。

表 3-1　2000~2006 年我国连锁超级市场的 CR_n 值

	2000 年	2001 年	2002 年	2003 年	2004 年	2005 年	2006 年
连锁百强前 4 位销售额（亿元）	297.20	380.40	570.80	780.30	1367.00	1929.30	2628.30
连锁百强前 8 位销售额（亿元）	485.60	620.00	919.90	1297.60	1986.70	2804.70	3680.80
社会消费品零售总额（亿元）	39105.70	43055.40	48135.90	52516.30	59501.00	67176.60	76410.00
CR4（%）	0.76	0.88	1.19	1.49	2.30	2.87	3.44
CR8（%）	1.24	1.44	1.91	2.47	3.34	4.18	4.82

注：根据商务部与中国连锁经营协会联合发布的各年中国连锁百强数据及 2006 年中国统计年鉴整理计算而成。

（二）业态的差别化程度

企业控制市场的程度，取决于产品或服务差异化的成功程度。业态包含着产品和服务差异化等一系列内容，对于超市行业而言，业态的差异能满足不同消费者群体的需求，锁定目标顾客群并占有它，因此而创造了超市企业的市场力量。

近几年来，在中国的连锁超市行业中，出现了大型综合超市、标准超市、仓储式会员店、便利店等多业态并存的局面，而且呈现出同一企业业态多元化发展的趋势。但中国超级市场的发展还是主要集中在大型超市方面，尤其是欧美的大型超市已经在发展上占了主导地位。它的典型代表是法国的家乐福，沃尔玛自深圳洪湖店后也基本上采取了大卖场的形式，法资的欧尚、台资的好又多、乐购，还包括国内的大部分大型超市同样采取的是这种模式。可以说，大型综合超市在中国的市场发展潜力极大。

然而，多业态经营将成为零售业主流发展方向。据中国连锁经营协会统计，连锁百强中只有 16 家企业是单业态经营的，其他都是多业态经营。如华润万家就有 7 种超市业态品牌，大卖场、购物中心、高端超市、便利店、生鲜超市等；5 种非超市业态品牌，中艺、华润堂、酒窖、VivoPlus 等。在洪涛教授看来，多业态可以满足普通消费者层次和群体的需求，随着业态的增多，对企业规模的扩大也是利好因素；同时，由于消费群体具有动态性，多种业态便于培养消费群体对品牌的忠诚度；从更长远的角度看，多业态也有利于企业规避市场风险，提高竞争力。

（三）行业进入壁垒

进入壁垒是指外部企业进入并与原有企业进行竞争的各种阻碍因素，是影响市场结构的重要因素。主要包括规模经济壁垒、成本费用壁垒和差异化壁垒。由于我国流通业的特点及其特殊性，我国超市行业的进入门槛相对来说比较低。按照国家有关部门的规定，注册一个零售企业，最多花 30 多万元，而且禁止性的要求不多，开设新门店的启动成本也较低。但是，由于已在位的超市企业具有的组织资本、组织经验方面的优势，使得许多拟进入的企业出于对行业激烈竞争和在位企业低成本信号的考虑，不会轻易地进入，所以这种低进入壁垒的结果更多的是在位企业规模的扩大。

（四）行业退出壁垒

退出壁垒是指在位企业退出某行业时所受到的阻碍因素。对我国大多数中小超市企业来说，退出时主要面临的是经济方面的壁垒，这主要包括库存的商品折价销售或转让、合同违约赔偿、人员遣散费及租金等方面的损失，这些因素所造成的退出壁垒是较低的；但是对于大型的超市企业和国有超市企业来说，沉淀成本等经济因素会产生很大的阻止退出效应。客观上的阻止退出行为直接导致了影响产业正常发展的退出壁垒。这也是造成目前我国连锁超市行业过度竞争且效率不高的重要诱因之一。

三、市场行为（C）分析

根据 SCP 范式的分析框架，市场行为是指企业在充分考虑市场的供求条件和其他企业关系的基础上所采取的各种决策行为。市场行为在一定程度上受到市场结构的制约；反之，市场行为也会作用于市场结构，影响和改变其状态和特征。产业的竞争与垄断态势在一定程度上决定了企业采取什么样的竞争策略。纵观我国连锁超市行业的发展历程，当中国连锁超市行业处于高度竞争的市场结构时，在位企业为了获取更大的市场份额，做出了通过扩张战略来实现增长的理性选择，在行为上主要表现为店铺扩张、特许加盟以及并购重组和战略联盟。但随着连锁超市行业市场集中度的提高，大型超市企业渠道主导地位的形成，超级市场与供应商的关系也在发生着变化。这里主要从价格行为、投资扩张行为两个方面探讨中国超级市场行业的市场行为。

（一）价格行为

在 1978~1991 年以前近似完全竞争的市场结构条件下，零售市场供不应求，市场集中度低下，整体竞争并不激烈，超级市场行业的利润空间较大，这一阶段超级市场行业的价格竞争程度也并不高。从 1992 年零售业对外开放以后，市场集中度提升，外资与内资超级市场的规模和数量不断增加，在诸多地区都出现了超市设施饱和的态势，而且消费者对价格因素又非常敏感（根据 2005 年对全国 20 家大型综合超市 5028 名消费者的调查显示，影响中国消费者满意度的主要因素是价格），因此，为了生存，大多数超级市场只好将价格竞争作为主要竞争手段，采取各种灵活的价格策略。目前，我们最常接触到的如会员制、搭配销售、优惠折扣、季节性降价等，尤其是在节假日，如“五一”、“十一”、周末等，成了超级市场价格战的主要时期，名企业纷纷对商品进行降价来吸引消费者。这种价格的竞争已经成为连锁超市行业最直接、最有效、最快速的竞争手段，也成为影响商品成本、服务水平、供求关系以及超市利润最直接的因素。但是，有时候企业的低价策略会演变成为一种虚假打折、互相攻击行为，对同行业及消费者来说，都会产生负面影响。

（二）投资扩张行为

随着超级市场行业竞争程度的加剧，新进入者面临巨大的市场竞争压力，在位企业也不断地从经营规模、资产规模上对企业进行再投资，以获得更大的份额。

从规模经济性角度来看超市行业，国外零售业界认为，连锁企业效益与一定的分店数量存在着正相关的关系。从我国的情况来看，连锁企业要有 15 家店以上才有规模效益。由于整个连锁超市行业的利润较之传统的零售业丰厚，因此，在极低的进入门槛的诱惑下，在位企业通过不断地开设新店来达到扩张的目的。一般来说，超市所处的地段可以按商业中心、一般商业街、社区、城乡结合部、郊区来划分类型，不同的超市业态对超市的选址有不同的要求。从目前我国连锁超级市场的发展情况来看，标准超市、大型综合超市以及便利店进入大城市和经济发达地区的社区成了基本的发展趋势，而仓储式会员店和折扣店则更多地进入城乡结合部或者郊区。

四、市场绩效（P）分析

市场绩效是一个反映具体产业运行效率的综合性概念，它是指某一产业中的企业在一定的市场结构下，其市场行为所导致的产业资源配置效率和利益分配的状态。本章主要从企业的盈利能力以及经营风险两个方面来分析我国超市行业的市场绩效。

（一）盈利能力

盈利能力是企业获取利润的能力，它是评价企业市场绩效的最重要的指标之一，这里主要从行业的平均利润率来分析我国超级市场的盈利能力。

销售的平均利润率是反映企业获利能力的重要指标，一般来说，平均利润率越高，说明企业销售收入获取利润的能力就越强。我国超级市场的行业平均利润率相对来说比较低。1999~2000 年平均利润率为负值，但是 2001~2006 年这六年，平均利润率增长了 4.8 个百分点。2006 年外资零售企业的平均销售利润率达到了 2.625%的水平，高出内资零售企业 1.628%的水平，特别是在 2007~2008 年，“大型超市”门店的平均毛利率由 11.91%提升到了 13.43%，并实现了 4.53%的平均利润率。与此相比，“标准超市”门店的平均毛利率也由 2007 年的 11.45%提高到了 2008 年的 12.32%，平均利润率为 4.15%。因此，从盈利能力上看，外资超级市场企业领先于内资零售企业。

（二）经营风险

一般可以采用资产负债率对企业经营的风险程度进行判断。资产负债率是指企业一定时期负债总额同资产总额的比率。但并不是资产负债率越小就越好，可以从以下三个方面进行：①从债权人的角度看，资产负债率越低越好。资产负债率低，债权人提供的资金与企业资本总额相比，所占比例低，企业不能偿债的可能性小，企业的风险主要由股东承担，这对于债权人来讲是十分有利的。②从股东的角度看，他们希望保持较高的资产负债率水平。站在股东的立场上，可以得出结论：在全部资本利润率高于借款利息率时，负债比例越高越好。③从经营者的角度看，他们最关心的是在充分利用借入资本给企业带来好处的同时，尽可能降低财务风险。一般来说，资产负债率的适宜水平是 40%~60%，适度的资产负债率既能表明企业投资人、债权人投资风险较小，也能表明企业经营安全、稳健、有效，且具有较强的筹资能力。

对比国内三大连锁超市企业以及八家外资超市企业的长短期借款，可以看出，由于相当一部分在位企业通过挪用延付的供应商货款来实现扩张战略，国内超市企业的短期负债率大幅度地超过了国外企业，并且几乎没有长期负债（见图 3-1）。

国内超市企业长短期负债的加总也明显高于国外企业（见图 3-2）。适度的资产负债率对企业经营来说是有利的，但太高的资产负债率显然会给中国连锁超市企业准确把握发展时机造成障碍。比如，华榕超市、普尔斯马特等由于资金链断裂而遭遇灭顶之灾的事例，因此，无论是内资还是外资企业都要防止陷入负债投资的恶性循环，都应该引以为戒。

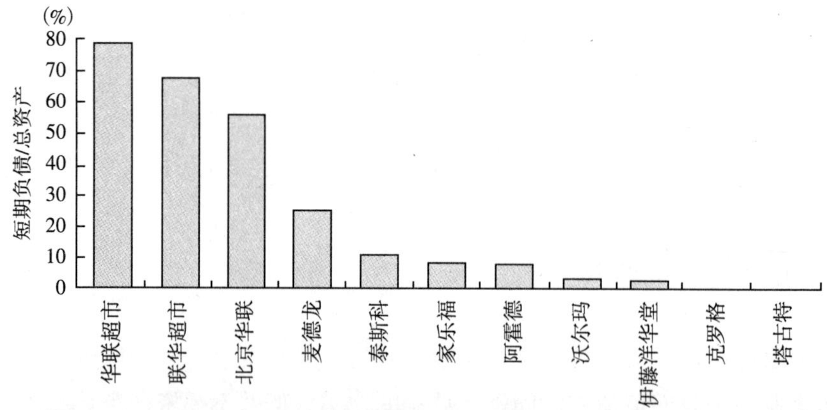

图 3-1　中外主要超市企业的短期负债率比较

资料来源：中国连锁协会。

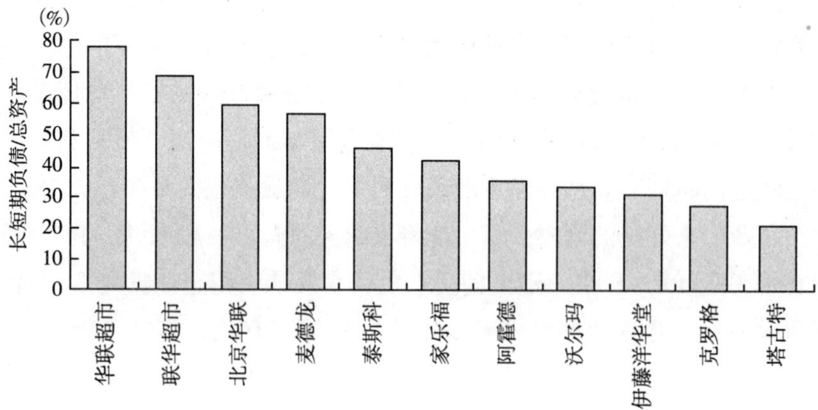

图 3-2　中外主要超市企业长短期资产负债率比较

资料来源：中国连锁协会。

五、结论及建议

本章利用 MSCP 范式对我国连锁超市行业的发展进行了分析，得出的主要结论是：①我国连锁超市行业的市场结构由近似完全竞争逐渐地向垄断竞争的方向转变，主要表现为行业集中度的逐渐提高；行业的业态多元化程度越来越高；需求增幅逐渐趋于稳定；行业进入壁垒逐渐提高。②随着中国超级市场竞争逐渐升级和加剧，零售企业开始逐渐调整价格策略和投资战略，普遍采取了降低价格和规模扩张的市场行为，同时与供应商的关系也发生了很大的变化，这些都给我国连锁超市行业的企业绩效带来了一定的影响。如恶性价格竞争导致了企业利润低下，银行贷款或上市筹资扩张导致企业资产负债率偏高等。

综上所述，我国连锁超市行业偏低的市场集中度，低的进入壁垒等市场结构造成了低水平的无序竞争，以致造成了其偏低的市场绩效。结合本章对该行业的分析，主要对其发展提出下面三点建议：

（一）加强企业自身建设，形成规模经济，从而提高行业的市场集中度

自改革开放以来，我国的连锁超市企业通过吸收国外先进的管理理念和经营方式，已经有了长足的发展。但是，从总体上来说，仍然处于模仿阶段，缺乏本土创新，从而出现了趋同的现象。跨区域的兼并重组加剧了这种趋势，虽然使得一些企业的规模迅速扩大，但是一些管理问题也随之而来，阻碍了企业的进一步发展。因此，我国连锁超级市场必须首先加强自身建设，除了强化品牌意识，加强财务、人力资源管理等控制能力之外，更重要的要加强供应链的整合工作，实现集中采购、营销联合等方面的优势。

随着连锁超市行业的不断发展，虽然行业的集中度有所提高，但相对来说依然很低，这也是我国超级市场行业缺乏竞争的主要原因。为了提高其市场集中度，企业可以通过扩大规模，提高市场占有率，在零售市场上获得一定的垄断力量，以此来提高我国超级市场行业的市场集中度。连锁企业之所以能为顾客提供较低价格的商品，是因为连锁企业达到了一定的规模后就可以通过规模采购与批量进货等大幅度地降低商品的进货成本，从而扩大了市场占有率。但与此同时，为了防止企业的管理资源与其规模不相应的情况出现，企业还应该建立风险报警机制，以便更好地促进规模经济的形成。

（二）企业应该提高店铺扩张方式的质量

连锁超市企业通过店铺的不断扩张可以给企业带来各种有形和无形的规模性，可以使企业的固定成本得到更大范围的分摊，从而使企业的风险规避能力得到更有效的提高，使企业在与供应商的讨价还价中处于更有利的地位。

但企业盲目地实行店铺扩张，甚至出现恶性竞争，对于企业和整个国家的发展来说都是不利的。因此，企业在进行店铺扩张时不仅要注重扩张方式的量，更要注重扩张方式的质，从而以更少的投入得到更多的回报。主要可以从以下三个方面进行考虑：①注重规模与效益的关系。企业规模的扩大并不等于自然地增加效益，连锁企业效益的提高还依赖于经营理念的更新及人员素质的提高。因此，国内超市企业应该从品牌管理、存货管理、商品和服务组合优化、物流优化、采购渠道优化、自有品牌开发等多方面持续改善经营业绩。②发展合理的布局，向内地进行战略扩散。国内连锁超市如果采取地区分割式的发展很容易被外来的竞争者各个击破，因此，一些初具规模的超市应该积极地向周边的省、市及广阔的内地市场扩散，比如，农村市场和西部地区也可以作为考虑的对象。③选择适合自身实力的业态发展模式。现阶段我国连锁超市企业通过增加经营的业态种类并没有使其绩效显著地提高，其原因是多方面的，但主要原因可能还是自身实力不够。因此，实力较弱的企业发展业态不宜多，应当集中全部力量与对手竞争。而有实力的企业则可以采取多元化和差异化的业态选择策略，从而寻求新的利润增长点，规避经营风险。

（三）超级市场行业政策的正确引导

根据我国连锁超市行业的规模结构状况及发展情况来看，单纯地依靠企业自身的积累、自我发展、自我扩张，必然要经历一个较长的过程。因此，政府需要制定相关的政策来支持超市行业的发展，借鉴国外发达国家大型零售企业的成功经验，我国政府可以在行业政策方面侧重于鼓励企业兼并和联合，鼓励连锁超市行业实行“强强联合”，通过大型零售企业间的联合和重组，在较短的时间内形成具有国际水平的大规模连锁超市企业集团。另外，通过政策规范提高我国超市行业的进入和退出壁垒，遏制低水平的竞争进一步扩大，促使我国连锁超市行业健康有序地发展。

参考文献

[1] 陈高宏. 连锁企业快速扩张潜伏隐患 [N]. 中国商报，2002-09-17.

[2] 李想，余敬. 中国连锁超市行业的 SCP 模式分析 [J]. 中国软科学，2003 (12).

[3] 杨永超. 我国零售业市场结构发展趋势分析 [J]. 科技与产业，2006 (7).

[4] 吴国新. 对我国连锁零售业行业集中度问题的研究 [J]. 商业研究，2007 (3).

[5] 赵凯. 对我国零售产业市场集中度的实证分析——从业态和组织形式的角度 [J]. 财贸经济，2007 (1).

第四章　我国优质蔬菜产品市场的 MSCP 分析

李晓晨[①]

一、引言

蔬菜是人类摄取营养的重要食物来源，也是人们日常生活的基本消费品。随着经济的发展和人民生活水平的提高，蔬菜在食物构成中占据着越来越重要的地位。我国是蔬菜生产大国，是重要的蔬菜出口国，也是蔬菜消费大国。2010 年，我国的蔬菜播种面积达 2.8 亿亩，比 2009 年增加 3%，总产量达 6.37 亿吨，比上年增长 3.1%。

随着全球范围内农业及食品工业的产业目标逐步由增加数量到改善质量的转变，我国也进入了全面提高农产品质量的新阶段。

绿色蔬菜是指蔬菜在生产过程中农药使用后残留在蔬菜里的农药残留物指标低于国家或国际规定的标准。

有机蔬菜在整个的生产过程中都必须按照有机农业的生产方式进行，也就是在整个生产过程中必须严格遵循有机食品的生产技术标准，即生产过程中完全不使用农药、化肥、生长调节剂等化学物质，不使用转基因工程技

① 李晓晨（1986~），男，河南商丘人，北京工商大学硕士研究生。研究方向：产业经济—流通经济。邮箱：haitun2020@163.com。

术，同时还必须经过独立的有机食品认证机构全过程的质量控制和审查。所以有机蔬菜的生产必须按照有机食品的生产环境质量要求和生产技术规范来生产，以保证它的无污染、富营养和高质量的特点。

无公害蔬菜是指产地环境、生产过程和产品质量符合国家有关标准和规范的要求，经认证合格获得认证证书并允许使用无公害农产品标志的优质蔬菜及其加工制品。无公害蔬菜生产系采用无公害栽培（饲养）技术及其加工方法，按照无公害农产品生产技术规范，在清洁无污染的良好生态环境中生产、加工的，安全性符合国家无公害农产品标准的优质蔬菜及其加工制品。无公害蔬菜生产是保障大众食用农产品消费身体健康、提高农产品安全质量的生产。

优质蔬菜是指包含绿色蔬菜、有机蔬菜、无公害蔬菜等在内的质量安全、可供消费者放心食用的蔬菜。优质蔬菜生产所提倡的是一种有机的、生物的、自然的生长过程，虽然其生产并不一概排斥农药、化肥及其他工业化学产品的应用，但在使用品种、剂量、时期、方法等各方面严格加以规范与控制，把对生态环境的破坏降低到最小限度。

优质蔬菜产业作为有别于普通蔬菜的一种新兴产业，在世界范围内正在成长。这里所说的成长，不仅指产业规模、产品数量、市场需求等量的增长，而且涵盖了产业政策、管理制度、标准体系等的不断完善，其产生与发展受到社会、经济、资源、技术等因素的影响。下面本章将从市场驱动力、市场结构、市场行为和市场绩效四方面分析我国优质蔬菜产品市场的现状。

二、驱动力（M）分析

本章从政策法规、经济压力、社会期望和企业自身成长需要的四个方面来分析我国优质蔬菜产品市场的驱动力。

（一）政策法规

2009年2月28日，第十一届全国人大常委会第七次会议通过了《中华人民共和国食品安全法》。在“十二五”规划纲要草案中，食品药品监管内容得到了充分体现。第四十一章第一节《保障食品药品安全》写道：“制定和完善食品药品安全标准。建立食品药品质量追溯制度，形成来源可追溯、去向可查证、责任可追究的安全责任链。健全食品安全应急体系，强化快速通报和快速反应机制。加强食品药品安全风险监测评估预警和监管执法，提高监管的有效性和公信力。继续实施食品药品监管基础设施建设工程。加强检验检测、认证检查和不良反应监测等食品药品安全技术支撑能力建设，加强基层快速检测能力建设。强化基本药物监管，确保用药安全。”这些政策法规为我国优质蔬菜的生产提供了政策支持和法律保障。

（二）经济压力

绿色壁垒催化优质蔬菜产业成长。近年来全世界蔬菜贸易量不断增长，而一些发达国家的蔬菜自给率在持续下降，这为我国蔬菜扩大出口提供了良好机会，但是国外的非关税壁垒也向我国的蔬菜出口抬高了门槛，其中绿色壁垒是非关税壁垒的主要形式之一。绿色壁垒又称绿色贸易壁垒，是一国或地区以保护自然资源、生态环境和人类健康为名，通过制定一系列复杂苛刻的环保制度和标准，对来自其他国家和地区的产品及服务设置障碍，限制进口，以实现保护本国利益、市场和环境为目的的新型非关税壁垒。绿色壁垒具有双重意义：一方面具有关注健康、关爱生命、保护环境的积极意义；另一方面也有借口“绿色”实施贸易保护甚至政治斗争的消极成分。绿色壁垒无论出于何种目的，客观上都使得进出口贸易中蔬菜的质量标准要求大大提高，特别是发达国家制定的标准不仅要求严格，而且检测程度复杂，迫使发展中国家不得不努力提高蔬菜质量，这些也催化了我国优质蔬菜产业的迅速发展。

（三）社会期望

(1) 发展优质蔬菜具有重要的生态效益。优质蔬菜的质量与其周围环境的好坏是相得益彰的。优质蔬菜生产所提倡的是一种有机的、生物的、自然的生长过程，虽然其生产并不一概排斥农药、化肥及其他工业化学产品的应用，但在使用品种、剂量、时期、方法等各方面严格加以规范与控制，把对生态环境的破坏降到最小限度。这不仅保护了良好的生态环境，为持续稳定地发展蔬菜生产创造了有利条件，同时也保护了人类免遭危害，可获得显著的生态效益。由此可见，优质蔬菜生产系统是一项实现经济发展与环境保护协调发展的可持续的农业生产系统，是生态农业的重要内容之一。同时，优质蔬菜所带来的巨大生态效益有利于“生态型新农村”的建设，可以成为农民奔小康的“绿色”通道之一。

(2) 发展优质蔬菜有利于推动农业科技进步。优质蔬菜是高科技的物化产品，其生产本身具有承载和促进科技进步的作用。在优质蔬菜的生产过程中，严格规范的生产规程和操作使蔬菜质量大大提高，但同时蔬菜成本也有所增加，而且导致蔬菜产量有所下降。要弱化这一矛盾和解决这一问题，必须依靠现代的蔬菜生产技术，在保障蔬菜质量提高的前提下，完成优质蔬菜成本的下降和单位面积产量的提高。这就需要借助科技进步的力量来寻找解决这一问题的途径，优质蔬菜的发展和对相关农业技术的需求，对推动农业科技进步无疑具有重要意义。

（四）企业自身成长需要

优质蔬菜具有较高的市场竞争力，我国加入世界贸易组织后，各国对我国蔬菜的进口关税都有所降低，但近年来，一些发达国家纷纷启用技术壁垒限制我国蔬菜产品的进口，而我国的优质蔬菜凭借其较高的产品质量则可以相对容易地通过这些壁垒，突破制约我国蔬菜出口的“瓶颈”，提高我国蔬菜产品在国际市场上的竞争力和扩大市场份额，发挥其在国际市场中的竞争优势。此外，优质蔬菜的生产企业一般都具有较大的规模，能够企业化运作，因而在市场上的讨价还价能力较强。加之优质蔬菜的高价位使得蔬菜具有一定的价格调整空间，便于企业采用灵活的价格竞争策略。所有这些都说明，出于企业自身成长需要，蔬菜企业都应该提高优质蔬菜在国内外市场上的竞争能力。

三、市场结构（S）分析

本章在借鉴美国管理大师迈克尔·波特的“五力”分析模型的基础上构建优质蔬菜五种竞争力模型，以此来透视我国优质蔬菜产品市场结构特征。

本章所研究的优质蔬菜产业结构，是指我国优质蔬菜产业内部的企业间关系结构，包括企业的地区分布结构。

波特认为，一个产业竞争的激烈程度取决于五种竞争力的综合作用。这五种竞争力分别是：进入威胁、替代威胁、买方砍价能力、供方砍价能力以及现有竞争对手之间的竞争。这五种竞争力共同决定产业竞争的强度及产业利润率，最强的一种或几种作用力占据着统治地位，对战略形成起着关键性作用。本章以优质蔬菜销售企业为核心，重点分析优质蔬菜生产者、优质蔬菜销售企业和优质蔬菜消费者三者之间的竞争关系，进而从整体上揭示我国优质蔬菜产业的竞争格局。参照波特的“五力”分析模型，构建了优质蔬菜五种竞争力模型。优质蔬菜五种竞争力模型在现实中表现得比较复杂，如就优质蔬菜供方而言，优质蔬菜生产者、优质蔬菜加工者、优质蔬菜批发商等都可能成为优质蔬菜销售企业的供方；就优质蔬菜买方而言，优质蔬菜加工者、优质蔬菜批发商、零售商、优质蔬菜消费者等都可能成为优质蔬菜销售的买方。为分析方便，在本章中，供方威胁是优质蔬菜生产者，包括优质蔬菜生产基地和优质蔬菜农户；买方威胁是优质蔬菜消费者，包括国际市场上的砍价能力和国内市场上的砍价能力；进入威胁是潜在优秀蔬菜销售企业；替代威胁是普通蔬菜、肉、蛋、奶、水果等；现有竞争对手是优质蔬菜销售企业，包括出口企业、超市等。

（一）现有优质蔬菜销售企业的竞争

优质蔬菜产业是一种特殊的产业，特点之一就是要有特定的销售机构。一般来讲，优质蔬菜的单位生产成本、价格相对于普通蔬菜而言都比较高，而在零售市场上，消费者很难检验、监测其质量是否达到标准要求，从而难以与普通蔬菜相区别。因此，从保护生产者和消费者利益的角度出发，优质蔬菜的经销单位必须向管理机构申请销售许可证，实行挂牌销售，其营销渠道主要是超市专柜、连锁店、专卖店等。但是，我国的优质蔬菜很大一部分尤其是有机蔬菜主要面向国外市场销售。本章将优质蔬菜销售企业界定为面向国外市场的优质蔬菜出口企业和面向国内市场的优质蔬菜超市专柜、连锁店、专卖店等，是一种广义上的企业。

1. 优质蔬菜出口企业的竞争

（1）对外竞争。我国优质蔬菜面向国外出口时，既有一定的优势，又有一定的劣势，但出口市场单一，产品附加值低。

（2）对内竞争。与发达国家相比，我国优质蔬菜出口企业的规模经济、产品差异、相对费用造成的障碍都不大，另外，我国的产业政策对优质蔬菜企业也是重点扶持的，因此总体上可以判断我国优质蔬菜出口企业的进入壁垒不大。我国优质蔬菜出口企业市场集中度较低，同发达国家相比，差距也很大。市场进入壁垒小和市场集中度低致使我国优质蔬菜出口企业处于低水平重复建设的状况，市场竞争较激烈，竞争无序，效率低下。企业根据有限信息盲目安排出口品种生产和加工，压低价格求客户，抢订单，结果不仅整体价格水平下降，且容易招致进口国调查、设限和反倾销等制裁。通过以上分析可以看出，我国优质蔬菜出口企业的进入壁垒小、市场集中度低，现有优质蔬菜出口企业之间的竞争愈演愈烈并不断升级，竞争无序和效率低下的局面有待改善。

2. 优质蔬菜超市专柜、连锁店、专卖店等之间的竞争

在国内市场上，优质蔬菜的零售渠道多为超市专柜、连锁店和专卖店等，由于从事优质蔬菜销售的超市专柜、连锁店、专卖店等越来越多，相互

之间的竞争也越来越激烈，但其竞争又表现出一定的区域差异性。优质蔬菜超市专柜、连锁店、专卖店等销售渠道的区域选择，在一定程度上也影响着它们的竞争力大小。另外，优质蔬菜超市专柜、连锁店、专卖店等企业自身的信誉度、所销售产品的品牌、商标的名誉度等都会影响消费者的选择。

（二）优质蔬菜供方威胁

1. 优质蔬菜农户

由于农户在不同的组织模式下表现出不同的角色和地位，因此本章从优质蔬菜产业不同的组织模式出发，考察优质蔬菜农户的砍价能力和对优质蔬菜销售企业造成的威胁。农户从事优质蔬菜生产，一方面依赖于产品是否有稳定畅通的销售渠道；另一方面也取决于优质蔬菜是否可以实现优价。普通农户与有组织农户在稳定销售渠道的可获得性和产品实现优质优价的能力上存在明显差异。普通农户的主要销售渠道是批发给商贩和自己到市场上零售，在这种销售模式下，一家一户、分散、小规模生产的农户面对相对集中的商贩和信息不对称性的市场时，其总体讨价还价能力较弱，或因其优质蔬菜缺乏品牌、商标和良好的销售环境，导致消费者难以辨认而拒绝购买。而有组织农户则不同，其产品大部分由基地收购或由相关组织按合同收购，农户与基地或相关组织之间的利益联系较为紧密，只要产品质量能够达到双方事先约定的标准水平，产品销售基本上就有了保障。另外，有组织农户所依托的销售渠道在一定程度上可以消除市场信息不对称性，从而有利于实现优质优价。

通过以上分析可以看出，有组织农户和普通农户相比具有较高的砍价能力，产品销售渠道保障程度较高。但在实践中，有组织农户也会因其销售中介违反合同而导致销售不畅。

所以，从总体上来看，不管是普通农户还是有组织农户，单个农户的优质蔬菜生产导致力量分散，整体砍价能力较弱，对优质蔬菜销售企业造成的威胁较小。

2. 优质蔬菜生产基地

由于我国优质蔬菜产业生产基地的区域集中度一般（不高），在市场上的砍价能力不强（每一个生产基地都不会对优质蔬菜的市场价格或数量产生举足轻重的影响），进入壁垒不高，所以表现出一定的竞争性。但是从另外一个角度来看，优质蔬菜生产基地生产出来的蔬菜和普通蔬菜生产基地相比，其产品具有差异性（非同质性）。这种差异性表现在产品的质量、包装、形状、品牌、专利、销售渠道、销售地点和售后服务等方面。产品的非同质性对价值有某种程度的影响，换言之，在垄断竞争市场上，差异就是垄断。

所以，我国优质蔬菜生产基地所面临的市场是垄断竞争市场，得出我国优质蔬菜供方的威胁性较小的结论。

（三）优质蔬菜买方威胁

本章从国内市场和国际市场两个视角来考察我国优质蔬菜消费者对我国现有从事优质蔬菜的销售企业造成的威胁情况。

1. 从国内市场来看，买方的讨价还价能力较弱

从现阶段来看，国内市场上优质蔬菜销售企业（主要是一些优质蔬菜超市专柜、连锁店、专卖店等）在最终消费者这一环节上的砍价能力较强。换言之，国内市场上优质蔬菜消费者的砍价能力较弱，对优质蔬菜销售企业造成的威胁较小。主要原因表现在以下两个方面：

（1）消费者无法掌握充分的信息。食品有三个属性，分别为搜索（寻）属性、经验（体验）属性和信任属性，其中经验品属性和信任品属性是形成农产品质量信息不对称的关键。和其他食品一样，优质蔬菜质量也具有搜寻品、经验品和信任品的特征，除了外观品质（如大小、颜色、整齐度等）可以直接观察到以外，有关营养品质和卫生品质的信息都不能直接获得。尽管化学分析手段可以满足这一需求，但作为每一个消费者来讲，支付这种分析成本未免昂贵且不便捷。所以，在优质蔬菜质量隐匿性的情况下，卖方比买方掌握更多的信息，从而有更多讨价还价的筹码。

（2）消费者力量分散。优质蔬菜超市专柜、连锁店、专卖店等面对的是

单个的消费者，数量大且存在较大的分散性，这样就造成了集中的卖方面对分散的买方的局面。消费者力量分散，不能联合起来以“不买”来间接地影响优质蔬菜的价格，从而难以提高整体的砍价能力。

2. 从国际市场来看，买方的讨价还价能力较强

由于我国的优质蔬菜面向出口时，不是直接面对单个的消费者，而是要通过国外进口国的“关卡”才能最终进入国际市场。现实中我国优质蔬菜自身的质量安全指标不过硬、品牌乏力，使我国出口企业面临严重的营销障碍，从而买方的讨价还价能力较强。具体表现如下：

（1）质量安全指标不过硬。尽管近几年农业科技投入不断增加，但我国的蔬菜生产水平仍然十分落后，产品质量依然是影响我国蔬菜出口增长的主要因素。其中，蔬菜产品农药残留依然是严重影响我国蔬菜质量的首要因素。

（2）品牌乏力。近几年，虽然我国农产品品牌建设已经得到广泛重视，但我国的蔬菜品牌效应还没有被充分挖掘出来。

（3）在国际市场上，我国优质蔬菜出口企业面临着严重的营销障碍。随着经济全球化进程的不断加速和贸易自由化在全球范围的扩展，关税壁垒作为贸易保护手段的作用日益弱化，而绿色壁垒作为一种全新的贸易保护手段，已日益成为国际贸易中最隐蔽、最棘手、最难对付的贸易障碍之一。一方面，我国优质蔬菜的技术水平和国外相比比较落后，常因农药残留指标不合格而被退货。另一方面，国外发达国家的生活水平和消费层次比国内更高，在蔬菜产品的选择性和安全、卫生方面要求更高。

所以，在国际市场上，买方的讨价还价能力较强，对我国优质蔬菜出口企业的威胁较大。

（四）优质蔬菜替代品威胁

现阶段，在我国优质蔬菜产业中，优质蔬菜替代品的威胁性较大，可以说在五个作用力中占据主导地位。优质蔬菜与普通蔬菜、肉、蛋、奶等替代品之间的交叉弹性较大，即普通蔬菜、肉、蛋、奶等销售量的增加会减少优质蔬菜的潜在销售量，优质蔬菜与替代品之间是相互竞争的销售关系。由于

优质蔬菜质量的隐匿性，消费者也许会选择继续购买普通蔬菜和其他替代品。另外，价格因素也是影响消费者购买的一个重要因素，对于收入不高且安全消费意识不强的消费群体来讲，购买优质蔬菜替代品的可能性更大。所以说，如何把消费者对蔬菜质量状况的担忧转化为购买优质蔬菜的动力，是一现实问题。

（五）潜在优质蔬菜销售企业威胁

虽然现有优质蔬菜销售企业之间的竞争比较激烈，但不排除潜在优质蔬菜销售企业的进入。由于国内“无公害食品行动计划”的深入实施，各地都在积极培育一些优质蔬菜企业，新的进入者不断涌现。随着人们对优质蔬菜消费意识的增强，国外企业也会纷纷进入我国市场，从而会加大潜在进入者的威胁。

四、市场行为（C）分析

本章从生产者、销售者和消费者三维角度对我国优质蔬菜产业行为进行分析，遵循的分析范式是：市场是生产者与消费者的利益对接点，价格是生产决策与消费决策的基本内在依据，生产者、销售者和消费者接受“经济人”假设原则，其中，生产者和销售者以利润最大化为目标，消费者以效用最大化为目标。

（一）我国优质蔬菜生产者行为分析

1. 技术选择行为

（1）技术选择的理论基础。生产者作为有限理性经济人，其技术选择的过程是一个经济过程，对蔬菜生产技术的选取和采用主要受利益机制的驱使，在成本与收益之间进行权衡。换言之，优质蔬菜生产者技术选择的理论基础就是边际成本与边际收益两者之间的权衡。生产者采用一项新技术的成本主要是采用该项新技术后新增的生产费用，包括新的物质费用、人工费用或机械费用以及学习费用等。生产者采用一项新技术的收益是多方面的，既有社会效益也有经济效益。社会效益主要表现在消费者福利和社会福利的增加，如一项新技术的采用可以增加蔬菜的质量，更好地满足消费者需求，确保消费者健康，另外，也可以节约农业资源、保护环境等；经济效益主要表现在蔬菜生产效益的提高和生产者收入的增加上。从生产者自身而言，农户更注重的是经济效益。

（2）技术选择行为的特点。下面从优质蔬菜生产者的不同风险态度和面临的不完全信息条件出发，分别去研究农户决策与技术采纳过程。

1）不同风险态度条件下的农户决策与技术采纳。优质蔬菜生产者能否采用规范的技术规程，取决于由此项技术决定的边际收益与边际成本的权衡，而生产者对这种均衡的预期又取决于生产者对风险的态度与对风险的预期。边际成本等于边际收益的时候，蔬菜生产者的技术采用量为最佳技术采用量，此时能获得最大收益。在不考虑生产函数变化时，蔬菜生产的边际成本曲线一定，而不同风险态度的蔬菜生产者的边际收益曲线不同。优质蔬菜生产本身需要明确的技术规范，如优质蔬菜在品种选择、播种育苗、湿润控制、田间管理、土壤耕作等方面都有明确的技术规范。作为优质蔬菜生产者来讲，是否采用新技术以及采用何种级别的技术，都与他们的风险态度有关，从而在一定程度上决定了他们生产优质蔬菜的类型，即在无公害蔬菜、绿色蔬菜和有机蔬菜之间进行选择。

2）不完全信息条件下的农户决策与技术采纳。技术本身具有信息不完全性，而且技术应用的显著效果具有时间滞后性，那么在不完全信息条件下，蔬菜生产者对生产投入品的技术含量和技术效果不了解，从而过高地估计了边际成本或过低地估计了边际收益，或二者兼有，就会降低技术采用量。

在不完全信息条件下，优质蔬菜生产者根据他们对某项技术的预期成本和预期收益的权衡来决定技术采用量的多少。在不考虑自然因素对生产造成的客观风险条件下，在假定各优质蔬菜农户生产函数相同的前提下，创建稳定的市场，或者在推广一项新技术时加强技术指导和宣传，尽可能多地让农户掌握技术信息和生产规则，可以使他们增加对生产的边际收益预期，降低边际成本预期，最终增加技术采用量。

(3) 选择、使用农药和化肥的行为。生产者在蔬菜生产过程中选择使用的各种农药和化肥，会直接或间接影响蔬菜质量安全。近年来，大量的农产品出口被退回，其中一个主要原因就是农药残留。农产品质量安全问题使我国在农产品贸易中遭受巨大损失，不仅损失食物、损失运输费用，而且，未来货物的价格被迫降低，最严重的是丧失了对我国农产品的信任度。

2. 定价行为

影响优质蔬菜生产者定价的因素是影响其定价行为的内在依据，下面在分析影响定价因素的基础上来分析优质蔬菜生产者的定价行为。

(1) 影响优质蔬菜生产者定价的因素分析。优质蔬菜生产者对其产品进行定价时主要考虑以下成本因素：

1) 基本生产成本。基本生产成本是指在生产过程中所投入的蔬菜种子、有机肥、有机农药、无机肥、无机农药、农膜等生产资料和灌溉以及租用土地和劳动的实际支出等。

另外，优质蔬菜申报、监测、认证、标志使用及服务也会被有关部门收取合理的费用。

2) 环境成本。优质蔬菜对其产地环境要求严格，政府制定了强制性的环境标准。产地环境标准主要由空气质量、灌溉水质量和土壤质量等一系列指标或阈值构成。进行优质蔬菜生产的农户首先要对产地环境进行改善。

3) 消费者福利成本。由于优质蔬菜既具有食用安全、健康的优点，又能改善消费者的生活环境，从而使消费者获得更大的福利。所以，消费者应该为此承担一定的成本，使之成为优质蔬菜价格的组成部分。

4) 社会福利成本。优质蔬菜的生产、营销和消费利于生态、经济和社会三方面的可持续发展。要实现经济社会的可持续发展，在一定时期内经济运行的收益扣除环境成本、非环境成本之后至少应是正的。就是说，在出现正值的情况下，才可以保证可持续发展的效率。优质蔬菜生产减少了对环境的污染，把经济运行效率和环境资源的使用效率放在同等重要的地位，保证了经济社会的可持续发展。

（2）优质蔬菜生产者高定价行为。一般来讲，优质蔬菜的生产成本高于普通蔬菜，而且还要考虑环境成本、消费者福利成本和社会福利成本，所以生产者对优质蔬菜的定价往往要高于普通蔬菜。同时优质蔬菜生产者对优质蔬菜的高价定位也是利用了消费者心理“觉察价值”定价法，即一般消费者认为：高价值代表高质量。

3. 培育品牌行为

质量是品牌的基础；品牌是质量的升华和发展。优质蔬菜生产者通过对其产品培育品牌，可以提高产品的竞争力。因为，品牌是优质蔬菜质量和特色的重要标志，通过蔬菜品牌的培育可以有效地把蔬菜产品信息传递给消费者，增大优质蔬菜交易成功的可能性。

（1）认证是培育优质蔬菜品牌的主要手段。优质蔬菜生产者不仅要对生产基地进行认证，还要对其生产出来的产品进行认证。在缺乏产品认证的情况下，消费者难以区分优质蔬菜和普通蔬菜，甚至对优质蔬菜市场产生信任危机，形成恶性循环。由于优质蔬菜的质量隐匿性，普通蔬菜会冒充优质蔬菜，使优质蔬菜的价格和销售量都降低，从而使从事优质蔬菜的生产者收入降低，继而对优质蔬菜生产的投入减弱，或放弃优质蔬菜的生产，转而参与到用普通蔬菜以次充好的活动中。所以说，在没有实行产品认证的优质蔬菜市场中，生产者没有对优质蔬菜的质量进行控制的积极性。实行优质蔬菜产品认证是解决上述恶性循环的杠杆点之一。实行产品认证后，一方面，通过在产品包装上使用无公害蔬菜标志、绿色蔬菜标志和有机蔬菜标志，有利于培育蔬菜产品的品牌，增强消费者的识别能力，从而增加消费者为优质蔬菜付高价的可能性。另一方面，实行产品认证后，对于生产者来说就相当于实行了市场准入，他们必须按照一定的生产操作规范对优质蔬菜的质量进行全面控制。生产者和消费者的共同作用，使得优质蔬菜能够在市场上以优价出售，从而生产者收入的提高又增加了他们对优质蔬菜生产的投入，继而对优质蔬菜加强质量控制。所以说，产品认证的实行，将有利于培育优质蔬菜品牌，从而使产销关系形成良性循环。

（2）品牌商标注册是保护优质蔬菜品牌的主要手段。商标注册不是创建品牌的手段，而是保护品牌的手段。优质蔬菜产品的品牌通过依法注册后，享有专有权，并依法受到保护。

（二）我国优质蔬菜销售者行为分析

市场是生产者和消费者利益的对接点，是质量代价得以补偿，商品价值得以实现的中介。所以说，研究优质蔬菜销售者的行为对优质蔬菜生产者和优质蔬菜消费者来说意义至关重要。

1. 定价博弈行为——合作定价行为

优质蔬菜销售企业对产品定价应该遵循合作原则，这样才有利于优质蔬菜行业的有序竞争，有利于整个产业的健康发展，有利于通过联手来增强国内优质蔬菜销售企业的竞争力，不断发展壮大，从而更好地参与国际竞争。我国优质蔬菜销售企业之间在动态重复博弈情况下，对产品定价往往遵循合作原则，而且定位在高价或较高价格的价位上。

2. 品牌营销行为

优质蔬菜面向消费者销售的时候，往往都有自己的品牌。

（1）优质蔬菜品牌具有识别功能。优质蔬菜具有质量隐匿性的特点，但是优质蔬菜品牌为消费者提供了这种识别和判断的手段。一旦品牌得到消费者的认同，消费者在选购产品时往往会对其产品的口感品质、营养品质产生信任和忠诚。

（2）优质蔬菜品牌具有增值功能，体现了优质蔬菜的高价位姿态。优质蔬菜品牌本身为其产品赋予了价值。优质蔬菜是作为一种高档次产品进行销售的，而消费者购买这种产品不仅是为了满足对安全、营养质量的要求，另外还可以满足消费者对高档次商品的一种猎奇心理需求。品牌能够满足消费者的需求也就体现了品牌的价值。

（3）优质蔬菜品牌对新产品具有促销作用。目前，我国优质蔬菜产品中强有力的品牌并不多见，在这种情况下，营销单位可以借助已有的优质蔬菜品牌带动新产品进入市场，降低“卖难”风险，并可减少介绍和推广费用。所以说，良好的优质蔬菜品牌不仅能使新产品的促销费用减低，而且往往能够取得较好的促销效果。

3. 营销渠道选择行为

对于优质蔬菜销售者来讲，选择良好的绿色分销渠道，包括选择信誉良好的中间商和经济合理的配送中心，对于消费者来说也是重要的影响因素。优质蔬菜的营销渠道主要定位在超市、百货商店或者是专卖店、连锁店等，因为超市、连锁店等具备经营优质蔬菜的客观条件：

（1）具备确保优质蔬菜安全的硬件条件，如清洁的销售环境、冷链运输方式以及可靠的冷藏设备等。

（2）采用计算机标识系统，利于追溯制度的实施。一旦消费者发现优质蔬菜质量出现问题时，可以为消费者提供溯源服务，例如，优质蔬菜的产地、生产者姓名、供应商姓名等。

（3）有强大的控制力，可以对包括供应商、合同农户的上游部门实行直接和间接控制。

（4）可以用企业信誉为优质蔬菜的安全和质量担保（失信将使超市、连锁店等遭受重大的经济损失）。

更多的超市除了建立起自己的物流配送中心外，还与供应商也逐渐形成了规模，而一些供应商也开始建立直营农场和优质蔬菜生产基地。通过超市供应链的管理，既有利于保证优质蔬菜的质量安全，又压缩了中间流通环节，使流通成本得以降低，流通时间得以压缩，流通过程得到更有效的控制，对于消费者来说也可以获得双重目的，即可以购买到质量高和价格相对较低的优质蔬菜。

（三）我国优质蔬菜消费者行为分析

消费者为了使自己有限的资源获得最大的消费效果，就需要研究如何合理消费的问题。政府为了制订正确的产业政策和消费政策，也必须研究消费现状、消费规律和引导消费的可能。生产者（经营者）更是与消费活动关系密切，它们在“盘算”消费者的心理和行为问题方面最为积极。从优质蔬菜产业发展的角度看，消费者扮演着重要的角色，是整个优质蔬菜产业管理过程的最终目标指向。消费者在优质蔬菜消费问题上所体现的态度和消费倾向会对政府和蔬菜企业的行为选择产生深刻影响。西方经济学中消费者行为理论所研究的，就是居民户的消费行为，本章优质蔬菜消费者行为所研究的居民户被称为优质蔬菜消费者。

由于优质蔬菜安全信息的不对称性，而且消费者利用信息的能力存在稀缺性和不对称性以及受价格、收入、认知等因素影响，使得只有一部分消费者对优质蔬菜具有较稳定的、较强的消费需求，但大部分消费者的需求行为表现为消费者麻木和消费者敏感。

1. 消费者麻木行为

消费者麻木行为与优质蔬菜的产品质量特征密切相关。就优质蔬菜的产品质量而言，具有以下三个特征：

（1）质量的隐匿性。与其他商品不同，优质蔬菜除了外观品质可以直接观察到以外，有关营养品质和卫生品质的信息都不能直接获得，难以被消费者用肉眼或触摸辨识出来。而且在一般情况下，劣质蔬菜所导致的危害在短期内也难以被察觉，长期的影响又往往和其他因素交织在一起，难以区分。

（2）效用的滞后性。优质蔬菜，尤其是高质量的绿色蔬菜和有机蔬菜，其食用后的营养或保健效果往往需要若干年或几十年方可显现。

（3）认证的质疑性。优质蔬菜质量的隐匿性和效用的滞后性，使得产品认证的权威性和可信性受到挑战。一是由于认证需要收费，这样一些申请认证的企业可能会认证较少的产品数量，而以较多的数量按认证产品经营，以次充好。二是认证机构事后监管不严格，从而使得认证后的企业并不完全按优质蔬菜的技术规范进行生产。优质蔬菜的以上三个产品质量特征归根结底可以概括为信息不完全，即消费者不能判断优质蔬菜与普通蔬菜的真正质量差别，也不知道购买优质蔬菜是否比购买普通蔬菜具有更大的效用，即使是购买经过认证的蔬菜，也不能保证“货真价实”。

所以，多数消费者对优质蔬菜没有消费经验，或有少量经验也不一定有判断能力，他们不但在购买时，而且在消费时都不一定能正确判断商品的质量。这种消费者不易觉察优质蔬菜质量，再加上价格、收入、认知等因素的影响，使得大部分消费者持观望态度或消费不积极的情况被称为“消费者麻木”。“消费者麻木”往往使消费者不能根据以往的经验正确判断消费的利益与风险，倾向于高估消费的利益，而低估消费的风险，是一种缺乏判断能力的表现行为。在现实中就可能表现为：众多消费者认为，以较低的价格消费普通蔬菜一样可以获得同等优质蔬菜的有关营养物质，不会影响生命健康，从而长期消费普通蔬菜，优质蔬菜被拒之千里之外。

2. 消费者敏感行为

消费者敏感行为的内涵及特点。消费者敏感是指消费者在受到优质蔬菜安全侵害或者获知优质蔬菜的安全隐患信息后，迅速采取措施从市场退出（拒绝重复交易）或者向有关部门呼吁，以惩罚市场失信者的行为。现实生活中消费者敏感的例子随处可见，但多表现为退出，而向有关部门呼吁的例子较少，导致“消费者惰性”，这主要是由法律制度的不完善和消费者自身素质决定的。但是，消费者敏感往往使消费者在根据以往的经验判断消费的利益与风险时出现与“消费者麻木”完全相反的结果，倾向于低估消费的利益，而高估消费的风险。所以消费者敏感也是消费者缺乏判断能力的表现。在现实中可能表现为：当消费者以较高的价格消费优质蔬菜的过程中，一旦发现蔬菜“价高质低”，他们就会放弃继续购买或不再从原有优质蔬菜销售点购买。因此，优质蔬菜销售企业的信誉至关重要。

五、市场绩效（P）分析

在我国优质蔬菜产品市场结构、行为分析的基础上，本章从生产、销售和消费三维角度对我国优质蔬菜产业绩效进行分析。

（一）我国优质蔬菜生产绩效分析

1. 优质蔬菜生产的外部性与资源配置效率低下

进行优质蔬菜生产的农户首先要对生产环境进行改善，但其环境本身具有公共物品属性。如某一农户改善了自家蔬菜基地的生产环境，其结果是不仅自家受益，与之相邻的周边蔬菜生产者也会随之受益，即产生“效益外溢”现象。这种现象会造成优质蔬菜生产者没有因为产生外部收益而得到补偿，普通蔬菜或劣质蔬菜没有因为产生外部危害而付出代价，从而导致社会资源配置效率低下。当优质蔬菜生产不存在外部性时，市场体系的自发作用能带来资源的有效配置。

2. 认证取费对优质蔬菜生产的经济效应

优质蔬菜产品认证（含产地环境认证及标志使用等一系列相关工作）具有两重的经济效应。从营销角度看，优质蔬菜认证有利于生产经营者培育品牌，提高产品的质量内涵和声誉，利于消费者辨认优质蔬菜与普通蔬菜之间的区别，从而有利于优质蔬菜的产销良性循环。换言之，通过产品认证，有力地推动了优质蔬菜产业化发展和市场准入制度的建立；从生产角度看，优质蔬菜产品认证有力地推动了优质蔬菜产业标准化和规模化发展，有效地控制了产地环境和产品污染，提升了优质蔬菜的产业素质，但同时也增加了从事优质蔬菜生产的经营成本。从经济分析的角度来看，对优质蔬菜认证取费实际上相当于在生产函数和生产投入不变的情况下增加了一个额外的固定成本，减少了生产者可以获得的最大利润。对于规模小的优质蔬菜生产者来讲，如果认证费完全由他们自身承担，无疑增加了他们的生产成本，使得优质蔬菜的生产成本较普通蔬菜又在原来的基础上增加了一部分。如果消费者不能接受由于认证成本带来的价格增长，或优质蔬菜生产者不能获得充分的利益以抵补认证成本，那么他们就会失去认证的积极性，认证工作在经济上就是无效率的。尽管认证对优质蔬菜生产的重要性毋庸置疑，但如果不在严格认证制度的基础上降低认证费用，就会大大增加优质蔬菜的生产成本，从而增加优质蔬菜的市场价格，进而抑制优质蔬菜的消费增长。

3. 优质蔬菜生产体制的经济效应

从生产体制上讲，造成蔬菜质量安全存在问题的主要原因是蔬菜的生产方式。目前在我国实现蔬菜生产规模化还不具备条件，联产承包责任制的基础不可能形成大的规模化生产。优质蔬菜生产体制的设计与安排应该在一定程度上提高农民的组织化程度，抑制农户在优质蔬菜生产中由于不规范操作所带来的道德风险，确保优质蔬菜的质量和优质蔬菜的销售。

（二）我国优质蔬菜销售绩效分析

1. 从国内市场看，总体上来说优质优价机制尚未形成

优质蔬菜优质优价是指其市场价格能够反映优质蔬菜的质量，即一方面要反映生产经营优质蔬菜的耗费及应获得的利润水平，另一方面要反映消费者效用最大化原则，得到消费者的承认。优质蔬菜与普通蔬菜相比，普遍存在一个现象：优质蔬菜价格偏高，大部分消费者不认可，优质优价的市场原则发生扭曲，从而对优质蔬菜生产、流通产生不利影响。造成这种现象的原因，主要有以下几个方面：

（1）生产经营者的高定价行为。由于优质蔬菜生产经营者在对其产品进行定价的时候，要考虑其基本生产成本，如绿色农药、化肥，无公害农药、化肥等，这些生产成本往往要高于普通蔬菜所投入的生产成本。此外，还要考虑环境成本、社会福利成本和消费者福利成本，从而使得优质蔬菜的定价偏高。

（2）大部分消费者对优质蔬菜的高价不认可。消费者对优质蔬菜的高价不认可有很多方面的原因，如优质蔬菜产品的信息不充分，使得大多数消费者不了解什么是无公害蔬菜、绿色蔬菜和有机蔬菜以及三者之间的具体区别，再如优质蔬菜的产品质量具有质量的隐匿性、效用的滞后性和认证的质疑性等特征。另外，尽管改革开放以来，我国居民收入有了较大提高，但居民人均收入远远低于发达国家。从国内市场看，中、低收入家庭是国内消费的主体，常年消费优质蔬菜的承受能力还较低，高收入家庭是优质蔬菜消费的目标市场，但所占市场份额较小。因此，市场对高质量、高价格的优质蔬菜的接受能力相对较低。

（3）尚未形成有利于优质蔬菜产业发展的市场体系和市场环境。从市场总体看，专业化的优质蔬菜交易市场体系尚未形成，优质蔬菜与普通蔬菜混杂经营，真假难辨，难免出现普通蔬菜排挤优质蔬菜，好产品卖不到好价钱的现象。此外，一些蔬菜经营者销售假冒伪劣“优质”蔬菜的不规范经营，破坏了优质蔬菜的优质优价形象。

所以，从总体上来说，在国内市场我国优质蔬菜的优质优价机制尚未形成。

2. 优质蔬菜营销渠道的经济效应

优质蔬菜的销售是连接生产者和消费者的桥梁，不同的营销渠道会产生不同的市场效果。欧洲、美洲、澳洲地区以及日本、韩国等国家有机食品销售多以超市和专卖店为主，特别是超市在多数国家都发挥着主渠道作用。我国优质蔬菜营销的市场渠道主要有以下几种：

（1）出口国外。我国部分无公害蔬菜和大部分绿色蔬菜、有机蔬菜每年都出口国外，特别是销往日本、韩国、欧盟和北美等国家和地区。

（2）国内超市。国内超市已成为中上层消费者购买优质蔬菜的一般场所。

（3）国内专卖店、连锁店、专区、专柜等。绿色蔬菜专卖店、连锁店、专区、专柜等在引导消费方面正发挥着越来越重要的作用。

（4）其他。如产品直供、产品直销等。上述优质蔬菜营销渠道中，出口国外的蔬菜通常可以以较高价格售出，获得高于国内市场的收益。出口贸易的经济效应主要是因为蔬菜生产比其他作物相对需要较多的劳动投入数量，与国外蔬菜相比，我国丰富的农村劳动力资源决定了劳动价格较低，进而使蔬菜产品形成了价格比较优势。但是通过国外出口来销售优质蔬菜时，国外蔬菜进口国对蔬菜质量的要求也是极其苛刻的，绿色（贸易）壁垒、技术壁垒等对我国出口蔬菜设置了高门槛。在国内优质蔬菜市场，超市、连锁店、专卖店等营销渠道，和批发市场与普通零售市场相比，提高了优质蔬菜产品的品牌效应。同时，企业的信誉也可以促使消费者重复购买。但是，现阶段优质蔬菜的销售渠道过窄，成为优质蔬菜消费不旺的原因之一。按照规定，销售优质蔬菜必须建立优质蔬菜“准入专柜”，必须标有产品名称、产地、包装日期、重量等，对于蔬菜的配送、检测要求也很高。

（三）我国优质蔬菜消费绩效分析

（1）从国内市场看，优质蔬菜整体消费需求稳中有升。随着优质蔬菜价格的相对下降、消费者对优质蔬菜消费意识的逐渐增强、优质蔬菜市场体制的不断完善等，我国优质蔬菜的国内需求会越来越高。

(2) 从国际市场看，优质蔬菜消费需求越来越旺。有机食品贸易已经成为全球食品贸易的重要因素，其增长率之快是世界食品市场从未有过的。一些传统农牧业的出口大国，例如欧盟、美国、加拿大和我国也已加强了对有机农牧业的投入。目前国际上对我国优质蔬菜的需求越来越大。

(3) 消费者对优质蔬菜缺乏认知。导致消费者对优质蔬菜缺乏认知的原因很多：①由于优质蔬菜的宣传力度不够，消费者对优质蔬菜缺乏全面、正确的认识。②在销售过程中，优质蔬菜的质量安全信息不配套，如有的超市在销售优质蔬菜时，根本就不贴无公害蔬菜、绿色蔬菜或有机蔬菜的标识。③消费者在购买优质蔬菜时，不注意查看优质蔬菜的质量信息。消费者对优质蔬菜的认知程度将会影响他们对优质蔬菜的购买行为。当消费者对优质蔬菜缺乏认知时，他们就会对优质蔬菜的质量产生怀疑和不信任，从而拒绝购买。

六、我国优质蔬菜产品市场的发展建议

（一）我国优质蔬菜产业的生产对策

1. 探索以土地产权为核心的长效经营机制

一方面，继续完善优质蔬菜生产的有效管理体制，结合实际情况选择适宜的管理体制。在此基础上，要积极探索农民技术协会、生产协会、蔬菜贸易协会等，这将通过降低生产管理中的交易成本，提高规模效益、化解企业风险、稳定合作关系等机制，提高优质蔬菜生产的有效性。另一方面，积极探索以土地产权为核心的长效经营机制是更深层次的经济问题和制度问题。土地的长期经营权和永久使用权对于建立优质蔬菜生产长效机制至关重要。因为它不仅有利于解决优质蔬菜生产环境的外溢性，使生产者收益与土地保护紧密联系在一起，而且有利于管理体制的创新。

2. 大力推进优质蔬菜生产技术创新

优质蔬菜农户在不同风险态度条件下和不完全信息条件下对技术的采纳是一个复杂的过程。技术又具有公共物品性质，所以优质蔬菜生产技术创新必须依靠政府推动。从目前优质蔬菜生产的实际看，技术障碍依然存在，突出表现在农药、化肥这两个直接影响蔬菜质量安全的投入品上，尚缺乏技术上先进、经济上合理的替代品，或虽已开发替代品但推广力度不够，因而缺乏应用。所以，政府要加大对优质蔬菜生产技术创新的投入，同时加强优质蔬菜生产技术的推广，针对投入品使用这一关键环节，探索以优质蔬菜生产企业为主体、政府实行补贴的技术创新和推广的新机制。另外，“土地入股、集约经营”的运作模式可以解决一家一户分散种植优质蔬菜所存在的技术障碍问题。农户以土地入股，加入某生产基地、公司或合作社等组织，由组织统一对农户进行技术培训、指导和监督。

3. 采取积极的财政补贴政策

为扶持有机蔬菜生产，缓解由于生产成本增加带来的价格上涨，许多发达国家采取了财政补贴政策。如美国、德国、意大利、比利时等国家对有机蔬菜都进行了直接或间接的补贴。从严格意义上讲，我国在支持优质蔬菜生产方面并没有建立起国家层面的规范性政策制度。在严格标准的前提下，减免或下调优质蔬菜的认证、检测、标志使用等费用。优质蔬菜的认证收费会增加优质蔬菜的市场价格，进而抑制优质蔬菜的消费增长，因此政府应对生产者的这些费用给予全额或部分补贴；或者认证机构由政府支持，认证过程中对优质蔬菜生产者不收取或少收取费用。

（二）我国优质蔬菜产业的销售对策

1. 建立健全优质蔬菜追溯制

追溯制度就是建立一个覆盖食品从初级食品到最终消费品各个阶段资料的信息库，一旦发现食品质量问题就能立刻找到是什么地方出了问题，是谁出了问题，这样有利于控制食品质量，并且能够及时、有效地处理质量问题，追究责任，最终提高食品安全水平。可追溯制度能够提供进行标识的信息，同时良好的标识管理有助于可追溯制度的实施，对蔬菜供应链全过程的每一个节点进行有效的标识，建立各个环节信息管理、传递和交换的方案，从而对供应链中蔬菜原料、加工、包装、贮存、运输、销售等环节进行跟踪与追溯，如果优质蔬菜出现问题，通过自下而上的系统追踪法，可以追溯到蔬菜生长的田地。

实行优质蔬菜追溯制，一方面可以明确各市场主体的责任，另一方面可以弱化消费者的麻木和敏感行为，进而强化消费者对优质蔬菜的需求行为，促使优质优价机制的形成。

2. 继续完善优质蔬菜市场准入制

农产品市场准入是政府通过强制性监管手段，对经过有资质的认证机构或权威部门认证（认定）的无公害农产品、绿色食品、有机食品等质量卫生安全农产品，或经检验检测检疫证明其质量卫生安全指标符合国家质量卫生安全标准的农产品，准许上市经营和销售；对未经认证（认定）或检验检测检疫不合格的农产品，禁止上市经营和销售。实行食品质量安全市场准入制度是一种政府行为，是一项行政许可制度。优质蔬菜市场准入制的实行，一方面可以摆脱传统蔬菜市场监督抽检的低效，大大提高检测效率和减少检测成本；另一方面也会减少或避免“柠檬市场”现象，从而促使优质蔬菜优价的形成。

3. 进一步提高优质蔬菜出口的组织竞争力

尽管我国蔬菜出口有着较高的竞争优势和较强的外销能力，但要保持出口持续快速发展，还必须进一步提高我国优质蔬菜出口的组织竞争力。从发达国家的经验来看，为增强蔬菜国际竞争力和避免无序恶性竞争，提高菜农组织化程度是行之有效的产业组织。具体来讲，可通过以下三方面来提高其组织化程度：①要大力发展“公司 + 农户”的产业化模式，培植和扶强优质蔬菜出口龙头企业，使之成为外联市场、内联基地、下联农户的大规模、标准化、外向型的现代优质蔬菜生产出口集团。②加快推进优质蔬菜生产基地外移战略。除了优质蔬菜产品输出外，还可以结合资本输出、劳务人员输出等方式，通过境外投资设立优质蔬菜产业的生产与开发基地，以近距离地进入国际市场和周边市场，从而缩短运输距离，降低成本，同时还能够避免相关的绿色（贸易）壁垒。③我国优质蔬菜加工企业和出口商要选择合适的区域市场和细分市场，创办跨国公司，建立自己的国际性运销网络，从而绕开国际贸易壁垒，实施优质蔬菜国际化经营战略。

（三）我国优质蔬菜产业的消费对策

1. 采用综合措施，降低优质蔬菜的价格

优质蔬菜高价是阻碍消费的一个重要因素。降低优质蔬菜价格，是扩大优质蔬菜消费的最直接、最有效的途径。可以考虑以下几个方面：①扩大优质蔬菜生产规模。②政府补贴。环境成本是优质蔬菜价格制定时需考虑的因素之一，这种带有公共物品性质的优质蔬菜生产环境改良的投入，应该通过政府来承担。另外在技术创新、认证等方面进行补贴，都可以降低优质蔬菜价格，从而可以更好地启动市场。当经济和社会发展到消费者的支付意愿可以支撑优质蔬菜生产良性增长时，政府补贴再逐步退出。③改善流通模式，减少流通环节，从而降低优质蔬菜的零售价格。

随着优质蔬菜种植面积的不断增加、技术的不断更新、政府采取相关补贴政策及流通模式的改善，优质蔬菜的价格将会有所下降。尤其是当无公害蔬菜价格与普通蔬菜价格相差无几时，无公害蔬菜就会成为普通老百姓的首选。但绿色蔬菜，尤其是主要面向出口的有机蔬菜价格还是会处于较高的价格水平上。

2. 提高消费者对优质蔬菜的消费意识

消费者对优质蔬菜缺乏认知是阻碍消费的又一重要因素。由于优质蔬菜市场的信息不完备，消费者对优质蔬菜存在认知障碍，因此，扩大宣传，提高消费者对优质蔬菜的认知程度和消费意识，对于拉动消费必然会产生积极影响。为此，需要从以下几方面着手：①强化优质蔬菜市场中的“正”信号显示，主要在于实施农产品品牌战略。优质蔬菜品牌是显示优质蔬菜质量的重要途径。另外，商标策略、广告促销策略、标准化策略等都可以起到强化优质蔬菜质量安全信号的作用。②利用公益广告和媒体专栏等，宣传和普及有关优质蔬菜的科学知识和健康知识，教育消费者关注健康、关爱生命。

③定期公布蔬菜产品质量检测结果，对销售假冒伪劣产品的企业给予曝光，对信誉好的企业给予奖励，给消费者提供信息，这样可以强化信息不对称条件下消费者选择购买优质蔬菜的行为。④实行消费者举报奖励制度。消费者一旦发现某个企业销售假冒伪劣的优质蔬菜，就可以向有关部门投诉，情况属实就可以获得一笔奖励基金。这里主要是强化消费者敏感行为中的呼吁制度，需要相关部门提高消费者投诉案件的处理效率，切实保护消费者权益，降低投诉成本。⑤通过“优质蔬菜消费日”、“优质蔬菜采购行动”等群众性活动，让消费者积极地行动起来，使优质蔬菜消费逐渐蔚然成风，成为公众的自觉行为。

3. 加强消费者协会的力量

就单个的消费者而言，其能力有限。代表消费者利益的消费者协会壮大了消费者的力量，一方面，在财力、人员、设备的配备上都比单个消费者具有较大优势，更能代表消费者解决蔬菜质量安全问题，从而引起蔬菜企业对于优质蔬菜供给的重视；另一方面，消费者协会在收集和发布蔬菜质量安全信息，引导消费者在优质蔬菜需求方面发挥了重大作用。综观各国的食品安全治理，消费者协会或其他消费者团体都起到了至关重要的作用。目前，我国消费者协会的治理力量还远远不够，今后要进一步加强这一群众性的消费维权队伍建设，在信息发布、抵制劣质蔬菜等方面发挥积极作用，从而引导消费者的优质蔬菜需求行为。

参考文献

[1] 安新哲. 浅谈当前无公害蔬菜发展问题 [J]. 农业经济，2003 (1).

[2] 常平凡. 农产品出口的国际市场定位与营销对策 [J]. 农业经济问题，2004 (2).

[3] 董金龙. 我国绿色果蔬产业的现状及趋势 [J]. 福建热作科技，2003 (1).

[4] 高茜，崔凯. 绿色技术壁垒对我国蔬菜出口的影响与对策思考 [J]. 农业经济问题，2005 (7).

[5] 金发忠. 关于农产品质量安全几个热点问题的理性思考 [J]. 农业质量标准，2005 (1).

第五章　我国物流业的 MSCP 分析

王兵兵[①]

以哈佛大学的梅森（E.S. Mason）和贝恩（J.S. Bain）等人为代表的现代产业组织理论，构成了市场结构—企业行为—经济绩效的分析框架，其基本内容是市场结构决定企业在市场中的行为，企业行为决定市场运行在各个方面的经济绩效，而市场行为和市场绩效又反过来影响市场结构。结合物流业的特点，本章则运用传统产业组织理论并且加上物流行业的驱动力（M）分析，通过对物流业进行 MSCP 分析，试图探寻我国物流业现存问题及相应的解决策略。

一、驱动力（M）分析

（一）法律法规

物流法是指国家制定的调整与物流活动相关的社会关系的法律制度的总称。我国至今尚无一部处于核心地位的专门调整物流关系的《物流法》，现行物流法律制度按照法律效力分有以下三类：一是直接为物流而制定的法

① 王兵兵（1986~），男，山东人，北京工商大学硕士研究生。研究方向：产业经济—产业组织。邮箱：wangbinghehe@163.com。

律，如《海商法》、《铁路法》等。二是行政法规，涉及物流的行政法规，如《公路管理条例》等。三是由中央各部委颁布的部门规章和地方性法规、规章，如《铁路货物运输规程》等。另外还包括有关物流的国际条约、国际惯例以及各种技术规范和技术标准等。调整内容涉及物流活动主体以及物流活动中的运输、贸易、仓储保管、包装、搬运配送、流通加工、货运代理、保险、电子商务等环节以及市场竞争规制。

我国目前的物流法律体系对我国改革开放以来的物流业发展的确发挥了重要的作用，但随着经济全球化和我国市场经济的深入发展，其弊端逐渐凸显出来：①物流业没有系统而专门的法律，物流法律体系不完善。②直接具有操作性的物流法律法规位次较低，法律效力较弱。③物流法律法规分散欠协调。

2009 年 3 月，国务院出台了《物流业调整和振兴规划（2009~2011 年）》，将物流业列入调整振兴的十大产业中唯一的生产性服务业。然而，与振兴规划形成鲜明对比的是前面所述我国目前物流立法的现状。因此，构建完整的物流法律体系，以此为物流业发展提供坚实法律保障，促进物流业健康发展成为物流业发展的关键。

（二）经济压力

经济压力可以从国际压力和国内压力两方面进行分析。

1. 国际压力

近些年，经济全球化以及我国对外开放不断扩大，更多的外国企业和国际资本“走进来”和国内物流企业“走出去”，推动国内物流产业融入全球经济。在我国承诺国内涉及物流的大部分领域全面开放之后，USP、联邦快递、联合包裹、日本中央仓库等跨国企业不断通过独资形式或控股方式进入中国市场。目前，外资物流企业已经形成以长三角、珠三角和环渤海地区等经济发达区域为基地，分别向东北和中西部扩展的态势。同时，伴随新一轮全球制造业向我国转移，我国正在成为名副其实的世界工厂，在与世界各国之间的物资、原材料、零部件和制成品的进出口运输上，无论是数量还是质量正在发生较大变化。这必然要求物流国际化，即物流设施国际化、物流技术国际化、物流服务国际化、货物运输国际化和流通加工国际化等，促进世界资源的优化配置和区域经济的协调发展。

2. 国内压力

我国物流产业正处于产业的成长期，此时的特点是物流行业已经形成，并快速发展，大多数管理层采取的经营战略是扩大资产规模，抢占市场份额，阻止竞争者进入物流行业。但是随着中国的通货膨胀压力越来越大，企业扩张所面临的风险也是越来越严重，首先就是成本上涨带来的压力，其中不仅包括油价上涨带来的成本压力，还包括政府使用提高利率的方法来抑制通货膨胀，无疑会增加企业的财务成本；其次就是通胀使企业的应收账款大幅贬值，这其中存在很大的经营风险；最后就是企业长期投资的一些项目，占用资金大，建设周期长，目前的经济形势很可能导致建设费用上涨，乃至会使原有项目的资金预算失去控制，增加企业财务支出，甚至可能将企业拖往死亡的边缘。因此，现如今物流业处于进退两难的地步。

（三）企业自身成长

物流产业讲究的是经济规模效应和地域覆盖能力。然而，要更快、更有效地实现这种能力，整合现有物流资源则成为必然的主要选择。因此，如何有效地整合资源则是实现高效物流运作的最佳途径之一。同时也是物流企业追求的目标。针对目前我国物流业处于完全竞争的状态，通过将传统物流与现代物流结合起来，充分利用运输和包装加工的增值空间来增加公司的利润，通过战略联盟、合资企业等形式与有关的通信企业和计算机企业建立联系，展开对相关信息企业的介入，实现物流企业的信息化融合，利用物流市场的发展机遇，积极整合现有零散的物流资源，以低成本方式进行快速扩张，同时，物流企业应尽快建立起自己的激励机制和人力资源的管理模式，可见我国物流企业的自身成长内在驱动力很大，而且我国物流企业的自身发展空间也很大。

二、市场结构（S）分析

市场结构指特定行业中企业的数量、规模、份额及相互关系，以及由此决定的竞争形式。微观经济学按照竞争程度这一标准，从厂商数目、产品差别程度、进入市场的难易程度以及厂商对产量和价格的控制程度等方面将市场结构分为四类：完全竞争、垄断竞争、寡头垄断和完全垄断。而特定的市场属于哪种市场结构类型，一般取决于市场集中度和进入壁垒。前一个因素主要刻画特定市场中企业间的相互关系，或特定市场的规模、数量分布特征；后一个因素主要刻画市场中企业与市场外潜在竞争企业的关系。

物流产业的市场结构是指物流市场的垄断与竞争程度。物流市场竞争与垄断程度的不同形成了不同的物流市场结构。物流市场结构分析的重点在于，根据物流产业内企业间及企业与消费者之间关系的特征和形式，分析竞争与垄断的关系。决定物流产业市场结构的基本因素包括：物流产业市场集中度，物流产业市场进入与退出壁垒，物流产业规模经济水平和物流产业产品差异程度等。

（一）物流业市场集中度

市场集中度是指某一特定市场中少数几个最大企业所占的销售份额。一般而言，集中度越高，市场支配势力越大，竞争程度越低，越容易形成规模垄断。物流产业市场集中度是指，在物流产业中，少数较大企业所占市场份额的大小。它主要反映物流产业市场垄断或竞争程度的高低，是衡量流通产业竞争性和垄断性的最常用指标。日本著名产业组织专家植草益根据市场集中度 CR8 值从大到小的顺序，将市场结构划分为高寡占型（CR8≥70%）、一般寡占型（40%≤CR8<70%）、低集中竞争型（20%≤CR8<40%）、分散竞争型（CR8<20%）四种市场结构形态（见表 5-1）。

表 5-1　2007~2009 年的 CR4 和 CR8 计算表

单位：%

年份	CR4	CR8
2007	9.36	10.43
2008	9.36	10.47
2009	8.56	9.69

据此对照植草益的产业结构衡量标准，可以认为我国的物流产业市场集中度较低，竞争性很强，物流企业和资源相当分散，物流市场处于完全竞争状态，同时表 5-1 也表明，近三年中国物流市场 CR4 逐年下降，CR8 2008 年比 2007 年有所上升，但到了 2009 年却下降到小于 10%，可见中国物流市场竞争日趋激烈。

我国物流产业集中度缺陷主要表现为：①专业化水平较低。②低水平过度投资，导致产业服务高端化发展受阻。③条件分割严重，物流资源难以进行有效整合。

（二）物流业市场进入与退出壁垒

进入壁垒是指产业内现存企业对于潜在进入企业和刚刚进入这个产业的新企业所具有的某种优势的程度，是影响市场结构的重要因素。进入壁垒由产品（服务）差异壁垒、规模经济壁垒、绝对成本优势壁垒、政策法规壁垒四种经济壁垒构成。我国物流企业绝大多数规模较小，属于中小型企业，难以实现规模经营，整个产业的规模经济性不强。但也有一些从事高端和专业化的物流企业具有一定的规模经济的特征。我国物流业的进入壁垒主要体现在：

（1）产品（服务）差异壁垒。我国物流业真正拥有可以信任的品牌、庞大的物流网络、先进的管理体制、高素质的人才以及丰富的管理经验的物流企业还很少或者说没有。物流作业水平较低，运作成本也较高而且效率低，整体的服务满意度差。所以，对于潜在的进入者来说，产品差异壁垒很小，或者说几乎不存在。

（2）规模经济壁垒。由于我国物流企业普遍规模较小、布局较为分散，实现规模经营的物流企业几乎没有，所以，我国物流业基本不存在规模经济壁垒。

(3) 绝对成本优势壁垒。物流业中，比如大批量的交通工具、仓库、先进的信息化系统等都需较大资本量，但总的来说，我国物流企业的规模都较小，相对来说固定资产壁垒还不是很高。

(4) 政策法规壁垒。由于我国物流业起步较晚，物流业正在改革与完善当中，其中的立法还没有跟上，所以，在这方面的壁垒十分低，几乎不存在壁垒。

退出壁垒是指当企业在某个产业内前景不佳，意欲退出该产业时，由于各种因素的阻碍，不能顺利地退出该产业。有的资产只能在特定产业内使用，当企业退出该产业时这类资产很难变现，用资产变现的价格减去资产折旧后的差额即为沉没成本，沉没成本越大，企业退出该产业的难度就越大，退出壁垒就越高。物流产业的退出壁垒主要表现为沉没成本壁垒。大多数物流配送企业所建的仓库、堆场、物流中心、信息设备，购买的车辆等专用设备在企业退出物流产业时，都难以以合理的价格及时销售出去。因此，整体来看物流产业的退出壁垒较高。

(三) 物流产业规模经济水平

对于物流产业来说，规模经济是指当经销单一产品的单一经营单位因规模扩大而减少了经销的单位成本时而导致的经济。物流产业是规模经济比较明显的产业。截至 2010 年 2 月，美国联邦快递公司拥有的飞机数量是 666 架，UPS 的自有和租赁飞机总数也将近 600 架，因此，能在最短的时间内向全球提供物流服务，其规模经济是显而易见的。然而，在我国虽然已经出现了像中邮、中远物流这样的大型物流企业，但其网络主要是限于国内。因此中国的物流业无法实现很好的规模经济。

(四) 产品差异程度

产品差异程度包括产品品质和功能的不同。物流的品质通过服务的准确性和效率来表现，物流的功能则通过服务的业务开展情况来体现。根据中国仓储协会的数据显示，各物流企业的准确率存在一定差别，但总体单据准确率较高，其中单据准确率在 95%以上的企业占物流企业的 87%。根据 2003 年中国物流发展蓝皮书，物流业务主要集中在仓储、运输、配送等低附加值的服务上，而高附加值的服务如信息处理、流通加工、咨询服务、金融服务等则很少涉及。近几年来，我国物流业虽然发展迅速，但是，目前中国物流企业所从事的业务领域明显单一，大多数企业仅限于低端的运输服务，2008 年，我国 80%的物流企业从事运输与装卸业务。而真正拥有庞大物流网络、先进设备及管理体制的物流企业还很少，目前仅有 18.3%的物流企业从事流通加工等增值物流服务业务。相对单一的物流业务特征使得众多物流企业在低端的物流服务领域展开激烈的价格竞争，竞争的结果导致行业平均利润率较低。

从以上的分析可以看出：①我国物流业市场结构的合理性还有待加强，市场集中度不明显，缺少实力雄厚综合性的大型物流企业。②受沉没成本退出壁垒过大的影响，物流业市场的出清机制存在明显不足。③物流业的服务产品的差异化较低，缺乏高端产品和差异化产品，低成本低水平的竞争现象突出。

三、市场行为（C）分析

市场行为是企业在市场上为实现其目标而采取的一系列适应市场要求而不断调整经营管理决策的行为。下面从定价策略、产品策略、营销策略、联盟和并购策略研究该产业的市场行为。

（一）定价策略

在市场集中度较低的业界环境中，数量众多的物流企业要提高市场份额，承受过度竞争的压力，唯一的价格行为就是采用低价策略，这就在一定程度上被迫选择成本加成本的利润策略，加剧了低端物流市场竞争。大型物流企业通常能够提供产品差异性服务，但会受到准入门槛过高、投资额度过大、沉淀成本过高等条件的限制，也会选择价格竞争的生存方式。从而形成了恶性循环，难以出现真正的大型物流企业。在特殊能源、医药卫生原材料等高端物流领域，由于高附加值业务的支撑，保持了一定的价格导向性优势，利润及收益较为客观，但产业比重相对而言较低。

（二）产品策略

产品策略涉及产品质量差异性、广告促销及物流管理理念等问题。①目前我国物流企业加快了采用先进物流技术的步伐。积极采用标准化、条形码、GPS、EDI 等技术，提高服务质量。但与国外物流企业相比，还存在很大差距。在广告和各种营销方面，我国物流企业还停留在传统企业的观念上，很少有物流企业在网络、媒体上做广告宣传。②随着物流业的发展，企业越来越重视服务质量的提高使具体操作趋于标准化和专业化。服务质量与成本成反比例关系，大多数企业更注重于更新物流技术设备，对物流管理理念有待进一步加强。

（三）营销策略

中国物流企业的产品策略运用比较倚重于对新技术的采用，物流信息识别技术（如条形码技术）、产品跟踪技术［如全球定位系统（GPS）和地理信息系统（GIS）］、数据共享技术［如电子数据交换（EDI）］等都已经得到较为广泛的应用；专业物流设备，如自动立体仓库、冷冻运输车等也得到了广泛的使用，大大地提高了我国物流服务产品的效率和服务质量。但是，物流企业在服务质量差异化和服务种类差异化的产品策略上还存在不足。目前只有少数物流企业采取了扩展服务产品种类的产品策略，如北京宅急送开展 5~50 公斤的高附加值小件产品 24 小时门到门的服务等。在营销策略方面，越来越多的物流企业通过媒体进行广告宣传，并建立自己的网站进行点对点营销和物流服务。物流企业已开始注重客户关系管理，逐步通过提供良好的售前、售后服务提高服务质量，进行关系营销，并提供更多附加服务，包括产品追踪、自动补货、收集信息等。

（四）联盟和并购策略

近年来，物流企业的联盟和并购现象此起彼伏。合作期限由短期联盟向长期联盟方面发展。物流企业兼并主要出于以下三种目的：一是扩大企业规模，拓宽物流服务领域；二是提高自身专业化水平，做精做强；三是通过兼并迅速进入那些具有较高进入壁垒的物流服务市场。但是，我们应当看到，同国外物流产业相比，中国物流企业的并购，一是规模都比较小，二是并购案例的数目比较少。

四、市场绩效（P）分析

市场绩效是在特定的市场结构和市场行为条件下市场运行的实际效果。从短期来看，可以认为市场结构是既定的，市场结构从某种程度上决定了企业的市场行为，而所有企业的行为又决定了市场运行的实际效果。在产业组织理论体系中，市场绩效通常是指在一定的市场结构下，通过一定的市场行为使某一产业在价格、产量、费用、利润、产品的品种和质量，以及在技术进步等方面所达到的现实状态。物流业的市场绩效是指物流业中的主要企业在既定的市场结构下，其市场行为所导致或形成的该产业的资源配置效率和利益分配状态。物流市场绩效反映了物流产业运行的综合效率，并反映出目前我国物流产业市场结构和市场行为的合理性和有效性程度。衡量市场绩效的标准有资源配置效率、技术进步程度、规模结构效率等一系列指标。

（一）资源配置效率

（1）库房利用率不高。第五次中国物流市场供需状况调查结果显示，在拥有库房的企业中，大约 66%的物流与储运企业的库房利用率在 85%以上，有 21%的企业库房利用率在 70%~85%，有 10%的企业库房利用率在 50%~70%，有 3%的物流企业库房利用率在 50%以下。

（2）铁路专用线利用率不高。调查结果显示，在拥有铁路专用线的物流与储运企业中，铁路专用线利用率在 30%以下的占 13%，利用率在 30%~50%的占 30%，利用率在 50%~80%的企业占 37%，利用率在 80%以上的企业占 20%，大多数企业铁路专用线利用率在 30%~80%之间。

（3）拥有军队企业的汽车运输返程空驶率较高。调查结果显示，汽车空驶率在 30%以下的占 25%，汽车空驶率在 30%~50%的占 65%，汽车空驶率在 50%以上的占 10%。汽车空驶率仍然较高。

（4）物流费用。我国的物流费用比重较大，体现了物流效率的低下。物流费用的大比重也使物流产业的利润率大大降低。

（二）技术进步程度

现代物流产业具有资本与技术密集型的特征，在保证基础建设投入的同时，技术的投入与提升成为决定物流企业发展的关键。目前，大部分物流企业拥有了基本运作系统，但技术系统的信息化水平不高。由于受到资金与人才的限制，短期内很难构建以核心业务、电子商务为主体的高级运作系统，导致了物流产业的整体技术构成偏低。技术系统的信息化对科学布点第三方物流企业、拓展核心业务以往的市场，也产生了深刻影响。因此，只有引导物流企业加大技术投入，进行技术创新，不断提高物流产品服务的技术构成，才能突破物流企业组织机构升级的技术“瓶颈”，满足物流行业信息化、国际化发展的趋势，缩短与国际物流产业发展的差距。

（三）规模结构效率

我国物流产业分布不均衡，供应链网络尚未形成，物流企业的个私经济比重过大，产业规模结构属于粗放型，经济效益不理想。《中国物流发展与人才需求研究报告》相关研究表明，中小物流企业仍是物流产业的主体，物流企业规模在 500 人以上的仅占 11%，物流企业产品与服务结构单一，经营渠道分散，服务功能狭窄，组织管理与一体化服务水平、业务综合与专业化服务能力有待提升。当前，可以将物流产业的市场绩效放在产权制度构建和市场开放性培育的维度加以研究，通过市场结构与产权结构的优化，来引导物流企业选择适合自身发展的市场行为，进而提升物流产业的市场绩效。

五、结论及建议

（一）结论

1. 市场环境不理想

目前，我国物流产业刚刚起步，政府尚未把物流作为一个独立的产业纳入国民经济发展中统筹规划、立法、引导培育，致使物流管理部门分割、多重、不统一；物流基础设施相对落后；制约物流产业融入国内国际经济发展之中。同时，我国物流企业大部分是第一方、第二方物流企业；即使小部分的第三方物流企业，也是由原来运输公司、仓储企业、货运代理公司、外贸公司改制而来的，未建立现代企业制度，产权不清，权责不分；没有进行集团化、信息化、连锁化经营；缺少标准化服务程序，难以提供完备的第三方物流服务。分割的管理体制和低水准的市场主体制约物流市场的正常发育和物流市场机制运行，物流产业组织结构优化市场环境不理想。

2. 市场结构不尽合理

首先是第三方物流市场集中度不够。其次是物流企业兼并、联合速度慢。最后是第三方物流企业布局不合理。第三方物流企业主要集中在经济较发达的东部、南部地区，以广东、上海、北京为中心，内地和西部地区第三方物流远未开发，也很少建立第三方物流企业。

3. 市场行为竞争不完全

当前，我国物流企业主要是通过对其供应链内部控制来执行其市场行为的。在价格战略方面，虽然宏观上物流企业都在市场调节下制定服务价格，实现其长期利润的最大化；但是，微观上物流服务价格没有真正以运输费用和交易费用为基础，供应链企业也未能以交易成本、运输费用为基础，评价价值链的优劣，确定合适伙伴关系。同时，由于各物流企业市场占有率不同、费用水平不一致、服务质量差别大，物流企业间意图沟通、信息交流不活跃，物流企业之间的各类物流服务价格难以得到协调统一，物流服务价格竞争还不完全。在物流服务产品战略方面，由于物流企业市场准入门槛较低、缺乏充分的完全竞争，物流企业还没有真正通过信息技术运用程度的差别来实现其服务产品的差异化，实施产品战略，致使交易、需求、计划、管理、控制及决策分析得不到统一，供应商和需求商信息相互沟通不及时、不顺畅，货物不能及时发送、到达客户手中。调查表明，我国使用物流配送的客户中，有超过 30%的客户对物流配送企业不满意，不满意焦点为物流企业信息技术系统很差，信息反馈不及时，到货不准时。

4. 市场绩效欠佳

由于我国物流产业市场环境不理想、市场结构和市场行为上存在深层次问题，导致其市场绩效欠佳，表现在以下几方面：①资源配置效率不高。②物流服务市场供求失衡。由于我国物流企业市场准入门槛低，低技术构成的物流企业互相竞价，提供大量低水平物流服务，而目前市场上真正需要的是高效率、高技术构成的第三方物流服务；因此，物流服务总体上供大于求，导致物流服务价格低，运输超载现象频繁，第三方物流服务发展空间有限。③企业规模不合理。物流企业处于“小、散、乱”状态，小企业多，大企业少；区域性多，国家、国际性少；传统型多，现代综合型少；未能以供应链为主线在国内、国际上建立纵、横向网络体系，整体规模经济差。④技术构成低。⑤就业人才结构不尽合理。物流业的发展吸引大量的劳动力就业，但是，就业人才结构与现代物流业对知识、技术要求不相称；大量的搬运工知识层次低，大部分管理人员是曾经从事运输业、仓储业、货代、外经贸人才，缺乏系统的现代物流知识、市场竞争意识，管理、技术水平跟不上物流国际化、信息化、集团化的要求，制约物流企业正常运行。

（二）建议

我国的物流产业发展时间较短，但发展速度很快，对于目前中国的物流企业来说，提高运营管理能力，整合企业资源，拓展服务网络，提高服务水平，提供专业、综合化的服务是物流产业的发展前景。主要的改进手段包括：①以技术创新为手段，优化市场集中度水平和产业结构，从根源上改善产业的运营环境。②拓展物流服务功能，改变单一的服务模式，多发展高附加值、多功能、专业化的物流服务。③关注物流服务业多边的市场需求，力求以需求为导向，有效提高物流业经营水平，避免使用价格竞争手段。

对于政府机构来说，应该对不同类型的产业市场采用不同的管理手段。对于垄断特征较为明显的领域，政府应加强经济性管制，采取反垄断措施，保护中小企业的生存空间。对于进退无障碍的领域，政府可以采用宽松经济的管理手段，让市场对资源进行自我配置。未来我国政府对物流行业的管理，应该主要着手于市场秩序、经营环境和生产安全等问题进行宏观的调控和引导，加强统筹规划，防止资源浪费和重复建设。

参考文献

[1] 陈萍. 我国物流产业 SCP 分析 [J]. 经济师，2010 (3).

[2] 张国荣. 基于 SCP 模型的中国物流产业研究 [J]. 财经科学，2004 (5).

[3] 王蕊娟. 基于 SCP 框架的我国物流产业组织现状分析 [J]. 经济纵横，2010 (8).

[4] 田宝良. 我国物流产业组织的 SCP 理论分析 [J]. 物流平台，2010 (12).

[5] 苏品. 现代物流产业发展的 SCP 范式分析 [J]. 商业经济，2010 (12).

[6] 乌玉洁. 我国物流业的现状及法律环境体系的构建 [J]. 物流管理，2008 (3).

[7] 蒋博. 中国物流业市场集中度研究 [J]. 经营管理，2011 (12).

[8] 汪旭晖，翟丽华. 现代物流服务业自主创新的驱动力及模式选择 [J]. 兰州商学院院报，2010 (4).

[9] 李志磊. 小议物流行业与我国市场经济的现状 [J]. 经济研究，2010 (4).

第六章　我国经济型酒店业的 MSCP 分析

翟慧元[①]

一、问题的提出

我国经济型酒店起源于20世纪末的锦江之星，前几年发展不快，到2000年时只有23家，不过出租率一直高于传统酒店。进入21世纪，各种经济型酒店品牌如雨后春笋般迅速发展起来。布丁、如家快捷、莫泰168、格林豪泰、汉庭酒店、7天连锁、速8酒店等相继出现，随着龙头企业如家于2006年赴美上市后，7天也在2009年11月20日正式于美国纽约交易所挂牌上市，同样是在美国，汉庭酒店于2010年3月26日上市。在我国经济型酒店巨头分别上市的推动下，经济型酒店成为市场关注的一大热点。在我国经济型酒店爆发式增长的同时，我们需要从理论层面对十几年来我国经济型酒店的发展实践进行回顾，进而推演出未来的发展趋势。基于此，本章以MSCP为分析框架，对我国经济型酒店的驱动力、市场结构、市场行为和市场绩效进行梳理和研究，归纳出该行业的产业组织演进逻辑，并为促进其健康快速地发展提出了建议。

---

① 翟慧元（1987~），男，河南开封人，北京工商大学硕士研究生。研究方向：产业经济—产业组织与政府规制。邮箱：huiyuanz1987@163.com。

二、驱动力（M）分析

虽然经济型酒店保持着快速发展，但对我国低端酒店或者住宿行业整体而言，占比还依然很低。2010 年 4 月《商务部关于加快住宿业发展的指导意见》表示，要力争用两到三年时间，将我国经济型酒店比重从现在不足 10%提高到 20%左右，这就表明经济型酒店规模将至少增加一倍。经济型酒店的增长主要受以下几个因素的影响。

（一）GDP 快速增长

近十年来，中国 GDP 快速增长，人均 GDP 从 2000 年的 7858 元人民币增长至 2009 年的 2.5 万元人民币，取得了 12.5%的复合增长，2010 年我国 GDP 总数超过 40 万亿元人民币。国际货币基金组织预计 2010~2014 年我国 GDP 将取得 10.3%的复合增长率。而我国 GDP 的快速增长，拉动了经济型酒店行业的发展。

（二）旅游业发展

随着经济的发展和人们生活观念的转变，我国旅游业近年来快速发展。一方面是经济活动直接带来的商务活动增加；另一方面是人们生活水平提高和观念转变后外出旅游活动更频繁刺激了旅游业的发展。中国国家旅游局的统计数据显示，我国国内旅游人数从 2000 年的 7.44 亿人次增加至 2009 年的 19.02 亿人次，实现 9.8%的复合增长；国内旅游收入也达到 10184 亿元。2009 年，包括港澳台同胞在内的入境旅游人数也达到 12648 万人次，国际旅游外汇收入 397 亿美元。旅游业的发展直接带动了住宿酒店的需求。中国住宿业在 2003~2008 年取得了 9.5%的复合增长率，与之相对应的我国经济型品牌连锁酒店门店数量和房间数同期取得了 100%和 98%的复合增长率。

（三）居民人均可支配收入增加

国家统计局的数据显示，我国居民可支配收入逐年提高，城镇居民人均可支配收入已达 1.7 万元人民币，接近 3000 美元；农村居民人均可支配收入也达到 5153 元人民币，接近 1000 美元。五年间城镇和农村居民的人均可支配收入分别实现 10%和 9.6%的复合增长。由于我国居民可支配收入与出游率的相关数据显示两者呈正相关关系，而旅游人数的增长刺激着我国经济型酒店的快速发展。

（四）经济型酒店占比依然很低

我国经济型酒店已经走过了十几年的发展历程，但相对欧美等发达国家几十年的发展时间还很短，整体规模也相对较小。根据摩根大通统计数据，我国住宿行业还处于零散的碎片化时期，75%的住宿服务都是由个体经营的无品牌旅社提供的，经过评定的星级酒店只有 19%的市场份额；经济型酒店在整个住宿行业中的占比更是只有 6%，远低于欧美等发达国家 60%~70%的水平。今后经济型酒店将随整个住宿行业的增长而增长；同时，经济型酒店还将侵蚀低星级酒店和无品牌旅社的市场份额。如果以欧美等国经济型酒店占比的一半的 30%计算，我国经济型酒店也至少还有 5 倍的增长空间。

三、市场结构（S）分析

所谓市场结构，通常定义为对市场内竞争程度及价格形成等产生战略性影响的市场组织的特征。决定市场结构的因素主要是市场集中程度、产品差别化程度和进退出壁垒的高低。

(一) 市场集中度

市场集中度是表示在某一具体产业中，买者或卖者具有所拥有的相对规模结构的指标，市场集中度越高的产业，越容易形成产业中的垄断势力，削弱市场竞争性。经过十几年的发展，我国经济型酒店市场已经出现了锦江、如家、汉庭、7 天、莫泰 168 等许多品牌。前十大品牌中，如家遥遥领先，第二至第五位规模较接近，随后迅速缩小，中州快捷和城市客栈只有两三千间的规模。截至 2010 年 6 月，如家以 7.8 万间的客房数稳坐行业第一位置，老牌锦江以 4.8 万间居第二位，7 天、莫泰 168、汉庭的客房数也都超过 3 万间。行业前五大品牌客房数达到 23.65 万间，占整个经济型酒店行业客房数的 51%。前十大品牌中，客房数超万间的有 7 个，法国雅高酒店集团旗下宜必思以 7661 间居第 8 位。前十大品牌客房数 28.9 万间，占比达 62.7%。在门店数方面，前十大品牌中，门店数超 200 家的有 6 个，美国速 8 以 167 家居第 7 位，宜必思目前只有 42 家门店。前十大品牌门店数达到 2430 家，在经济型酒店行业占比 56.9%。

计算市场集中度，通常采用 CR4 或 CR8 指标，根据经济型酒店的市场规模，我们计算 CR4 指标。

行业日总销售额 = 平均房价 × 客房总数 × 出租率

根据测算得出的经济型酒店行业 revpar 为 168 元，行业总房间为 46.37 万间。又根据前四大经济型酒店报出数据得到，锦江之星、如家、7 天和汉庭的 revpar 分别为 164 元、162 元、144 元和 184 元。由此得出：

$$CR4 = \frac{164 \times 4.80 + 162 \times 7.82 + 144 \times 3.96 + 184 \times 3.37}{168 \times 46.37} \times 100\% = 41.65\%$$

根据贝恩的产业结构划分法，经济型酒店市场属于寡占 IV 型（$CR4 \in [35, 50]$），市场集中度相对较高（见表 6–1）。

从品牌成长速度看，自携程于 2002 年底创建“如家”品牌后，经济型酒店行业转入快速发展轨道，2003 年和 2004 年分别实现 74%和 90%的增长率。随着 7 天、汉庭两个品牌的成立以及如家、莫泰 168 等品牌的加速发

表 6-1　2010 年我国十大经济型酒店客房数和酒店门店数比较表

市场排名	1	2	3	4	5	6	7	8	9	10
品牌	如家	锦江	7 天	汉庭	莫泰 168	格林豪泰	速 8	宜必思	中州快捷	城市客栈
客房数（间）	78231	48035	39561	33718	37004	23623	15595	7661	3148	2695
门店数（家）	674	358	399	294	220	232	167	42	25	19

资料来源：根据各官方网站数据及参考文献［5］计算，数据截至 2010 年 6 月 30 日。

展，2005 年实现 214%的增长率；之后的 2006~2008 年也保持 65%以上的高速增长。2009 年金融危机让几家品牌调整了扩展速度，增速有所放缓；但 7 天、如家、汉庭等品牌 2010 年后将再进入快速发展轨道。

（二）产品差异化

产品差异化是指在同一产业内，不同企业生产的同类产品在质量、款式、性能、销售服务和信息提供等方面存在差异，从而导致产品之间的不可完全替代性。经济型酒店在产品功能方面，较之传统星级酒店，脱离了传统酒店的休闲、娱乐、会议等功能和设施，而突出住宿的单一化功能。不同经济型酒店的功能定位都以此为基础，因此功能差异较小。在选址方面，经济型酒店大多集中于闹市区、商业区、改造发展区或景观优势区，选址的差异化也不大。以上两个方面产品差异较小的原因与经济型酒店的目标市场有密切关系。由于目前我国经济型酒店的市场定位还处于初级阶段，尤其是一些民族品牌的连锁酒店，还没有明确的目标市场，或者是对目标市场的细分工作还不够细致和完全，由此导致了市场重叠或过于宽泛，产品设计没有层次，缺乏针对不同细分市场需求的产品和服务。但在国内经济型酒店达到一定数量以后，市场竞争加剧，笼统的市场定位和无差异的产品已经不能有效地吸引顾客，尤其是产品的同质化将是经济型酒店参与市场竞争的致命缺陷。因此，酒店经营者开始尝试市场细分和产品差异化。如锦江之星 2007 年着眼于经济型酒店中的高端板块，打造新的品牌，晚于低端品牌推出，这样包括锦江之星占据的经济型酒店中端市场，锦江旗下的经济型酒店将有可能囊括经济型酒店市场细分之后的高、中、低三大领域；汉庭集团旗下拥有“汉庭酒店”、“汉庭快捷”、“汉庭客栈”三个品牌，这三个品牌，已经囊括了经济型酒店市场细分之后的高、中、低三大领域。

（三）进入与退出壁垒

进入壁垒是指产业内已有企业对准备进入或正在进入的新企业所具有的优势，也指新企业在进入该产业时所遇到的各种不利因素和限制。构成经济型酒店进入壁垒的因素主要有：规模经济、产品差异化、资金壁垒和行政性壁垒等。在规模经济方面，存在着连锁经济型酒店品牌的规模经济，但目前整个经济型酒店的市场规模较小，行业处于快速演化阶段，规模经济并未成为限制其他进入者的壁垒，反而刺激更多的潜在进入者进入市场。在产品差异壁垒方面，酒店品牌作为一种进入壁垒的作用虽然越来越明显，有些拥有知名品牌的酒店，在特定细分市场上也拥有相对垄断的市场地位，并对潜在的竞争者形成了品牌壁垒。但是，总的来说经济型酒店是产品差异化难度较大的行业，经济型酒店产品严重趋同，产品差异壁垒较低。在资金壁垒方面，与建造三星级以上酒店动辄数亿元人民币的投资相比，建造一座拥有100间标准客房的经济型酒店只需投资4000万~5000万元人民币，如果通过收购改造现有的旅馆、招待所费用更低。其原因在于经济型酒店的硬件投入比星级豪华酒店少很多，不必建豪华的附属设施；再者，经济型酒店的运营费用，如设备维护、员工工资、能源消耗以及行政开支等，远比豪华酒店低。在行政性壁垒方面，目前我国尚无对经济型酒店的限制性政策，不存在进入的政策壁垒。就退出壁垒来说，由于经济型酒店的主要实物性资产是酒店物业和房间内各种设施，目前，经济型酒店大多通过租赁或收购破旧楼房进行改造的方式获得物业，这为退出提供了便利。其他硬件设施和管理服务、品牌等无形资产的专用性不强，可以转为他用或者转让。因此，经济型酒店的退出壁垒也不高。

综上所述，目前我国的经济型酒店呈现出相对较高的市场集中度，已初步成为市场的领导者，但市场整体规模尚小，存在大量现实和潜在进入者；产品差异化程度较小，主要体现为品牌差异化；市场进入限制少，退出壁垒不高。

四、市场行为（C）分析

市场行为是指企业在充分考虑市场的供求条件和与其他企业关系的基础上，所采取的各种策略和行为，市场行为的根源在于市场结构。本章着重分析经济型酒店的价格行为、竞争行为和连锁特许经营管理行为。

（一）价格行为

价格竞争的压力主要来自两个方面：一是来自于市场高端的豪华酒店，二是来自市场低端的家庭旅店、单位招待所。在过去 20 年里，豪华酒店在我国投资过快、过热，导致豪华酒店供应过剩，加上豪华酒店的固定投资巨大，运营成本高昂，如客房出租率达不到一定比例，连经营的流动成本也难以为继，因此豪华酒店市场的竞争十分激烈。失去理智的降价行为时有发生，这种行为的后果不但压低了豪华酒店的整体行业利润，同时也掠夺了经济型酒店的利润空间。此外，在中小城市，家庭旅店、单位招待所由于经营成本低廉，为招揽顾客，与经济型酒店争夺客源，恶性杀价成为常规武器，也对经济型酒店构成严重威胁。

（二）竞争行为

目前，经济型酒店之间的竞争行为集中表现为资金、空间的竞争以及同质竞争等。就资金、空间的竞争方面来说，由于看到了经济型酒店的光明前景，为了更多地从这块蛋糕中获得较多的份额、获取更大的利益，每个品牌都开始了“跑马圈地”似的扩张。在急速扩张过程中，对资金的要求相当高，如果资金不能及时到位，资金链出现问题势必会影响到在建工程以及企业未来的发展计划。有资料显示，一些连锁酒店已经受到前期“抢楼”的影响，资金链出现了问题，部分装修的半成品酒店物业寻求脱手。同时，正是由于行业的快速扩张对“地盘”的疯狂抢购，使酒店物业成本大幅上升。在同质竞争方面，我国最早的经济型酒店是通过复制西方国家的经济型酒店模式发展起来的，先投入一家酒店，经营成功后，通过模式复制向全国扩张，从而导致了整个行业的同质竞争问题。因此在我国经济型酒店的数量快速增长的同时，在其定位上又大同小异，很少有细致的市场划分，经营缺少特色，不能给顾客留下深刻的印象，使顾客区别品牌的差异，培养对酒店的忠诚度，更不能起到为品牌做宣传的目的。

（三）连锁特许经营管理

连锁经营、特许加盟在国际上是经济型酒店经营的主要方式，而在我国刚刚处于探索尝试阶段。我国本土的经济型酒店，由于资源、能力的限制，很少像锦江之星或如家快捷那样成功实施连锁经营。目前经济型酒店大多数都是单店经营，范围局限于当地市场，没有形成规模优势和品牌效应。如何挑选合适的特许加盟经营者，如何培训以保证各加盟连锁店的服务产品标准化，如何控制扩张速度，如何分享经营理念和营销活动等诸方面关于连锁经营特许加盟的管理实践都是摆在我国本土经济型酒店面前的严峻挑战。

五、市场绩效（P）分析

市场绩效是指在一定的市场结构中，由一定的市场行为所形成的价格、产量、成本、利润、产品质量和品种以及技术进步等方面的最终经济效果。对于经济型酒店来说，反映市场绩效的主要指标是整个经济型酒店行业的经济效益。以下从生产的相对效率和网络外部性两方面考虑。

（一）生产的相对效率

越来越多的目标客源，巨大的行业成长空间，连锁加盟的运作模式，政府相关部门的有力推动，都使得我国经济型酒店的综合绩效快速提高。下面从经济型酒店的客房定价与出租率来评价经济型酒店的经营绩效。在客房定价方面，总体来看，经济型酒店的定价较低，前十大经济型酒店的定价处于 140~240 元，其中汉庭、格林豪泰、宜必思均定价在 200 元左右；锦江、如家和 7 天则在 160~180 元。从整个经济型酒店行业的价位结构看，150~200 元的酒店数量占 51%；其次是 200~300 元价位的酒店占 26%；最近开始热起来的百元酒店也占了 5%的份额；300 元以上的价位与经济型酒店的定位已不太相符，市场份额也只有 3%。在出租率方面，目前经济型酒店行业中的如家、7 天、汉庭近 3 年的出租率都维持在 85%以上的水平，锦江之星的出租率也维持在 80%以上的水平。由于经济型酒店相对数量还不多，目前整个经济型酒店行业出租率也维持在较高的水平。从这两个方面可以看出经济型酒店市场需求显著经营绩效好。

（二）网络外部性

网络外部性指用户的利益取决于用户网络规模的情形下，一个潜在用户的加入对其他用户带来了好处。连锁经济型酒店品牌成功的关键就是店面网络，每增加一个区域的店面，网络规模就越大，网点越广泛而密集，从而消费者的可选择性越强，这个品牌的整体消费吸引力越大；另一方面，每增加一个店面，又能带来更多的消费者。因此，经济型酒店的网络外部性十分显著。

六、总结及建议

由上述分析可知，我国经济型酒店目前在市场结构方面具有相对较高的市场集中度，正在形成产品差异化和进入壁垒，退出壁垒不高；在市场行为方面，价格行为并非有效的竞争手段，而且因为目标市场的不明确，产生同质竞争而差异化竞争不显著问题；市场绩效不断提升。综合来看，我国经济型酒店的发展面临众多问题，为解决这些问题，我国经济型酒店必须从以下几个方面提升自身的水平：

（一）选择合适的目标市场

对酒店的市场细分及定位研究显示，该市场存在一系列的独特的细分市场，如豪华酒店市场、商务住客市场、观光游客市场、休闲住客、低预算住客等细分市场。其中，经济型酒店所服务的细分市场数量多，市场规模也非常大。同时，顾客的需求、购买行为、消费模式差异性也是非常大的，各个不同的经济型酒店自身的资源与能力也是相差很大。一个企业不太可能服务好市场上所有的顾客，它必须挑选合适的细分市场作为目标市场，集中企业的资源与能力开发合适的产品与服务以满足目标市场的需要，从而建立起竞争优势，实现经营目标。经济型酒店首先应该在正确评估自己的资源与能力基础上，识别与挑选合适的目标市场，理解目标顾客的真正需求，开发出合适的产品满足顾客的需求，不顾自身的资源与能力，一窝蜂似的涌向同一个细分市场，只会错失机会，导致过度竞争。

（二）提高连锁经营管理能力

从国外发展经验来看，连锁经营特许加盟是我国经济型酒店实现快速扩张的必由之路。改善经济型酒店的连锁经营能力有两个途径：一是从海外引进具有经济型酒店连锁经营管理经验的酒店高级管理人才；二是采用标杆学习方法，向其他行业如零售业、快餐业学习先进的连锁加盟管理经验。

（三）体现不同特色，形成品牌差异

现阶段酒店业的发展正逐步由价格竞争、质量竞争过渡到品牌竞争阶段。产品价格和质量对消费者的购买行为已不具有决定性的影响，品牌在相当大的程度上影响着消费者的行为。因此我国经济型酒店在未来的发展中必须实施品牌战略，强化主导品牌，培养顾客的品牌忠诚，对顾客形成长久吸引力。经济型酒店应分别定位于商务、观光、家庭等，并在硬件设施和服务配套等方面均能体现出各自的特色，塑造功能不同的品牌，从运营模式上作出新的重大的突破。只有在经营上有了区别于竞争对手的特色，才会避开市场上低级的价格竞争。

（四）控制成本，提升利润空间

经济型酒店的核心竞争力在于其较高的性价比。要想在行业竞争中处于比较有利的位置，控制成本无疑是经营者首要考虑的问题。只有降低成本，才有可能在相同的价格下获得更多的经济利益。

参考文献

[1] 石磊，寇宗来. 产业经济学［M］. 上海：上海三联书店，2003.

[2] 胡平，俞萌. 经济型酒店管理［M］. 上海：立信会计出版社，2006.

[3] 杨惠馨. 企业进入退出壁垒与产业组织政策［M］. 上海：上海三联书店，2000.

[4] 赵小芸. 基于 SCP 范式的中国经济型酒店产业组织演进研究［J］. 旅游学刊，2007（9）.

[5] Peter wu. i 美股投资研报——经济型酒店［EB/OL］. i 美股网站，2010-12-20.

[6] 许艳萍. 经济型酒店问题及对策研究［J］. 企业经济，2006（1）.

[7] 冯冬明. 经济型酒店：发展·问题·策略［J］. 旅游学刊，2006（7）.

第七章　我国制造商开通网络渠道的 MSCP 分析

党婧①

一、引言

在过去的 10 年间，以互联网为基础的电子商务的出现为企业提供了前所未有的市场机遇。随着信息技术的不断进步，企业也越来越离不开互联网。随着互联网这个巨大网络的形成，整个世界变得越来越小了，以前相隔千万里的企业、组织之间成为容易联系和合作的伙伴。由于网络销售的便捷性可以略去中间商环节，网络销售的兴起成为制造商向客户直接提供产品的重要诱因。网络渠道的引入使原本只有传统渠道的制造商的竞争结构发生了变化，之前经营顺利的状态可能因网络渠道的引入带来的价格混乱问题、渠道冲突问题、风险问题而改变。因此，在原有的传统渠道的基础上引入网络渠道的双渠道模式在实施中面临着诸多挑战。

---

① 党婧（1983~），女，内蒙古乌海人，北京工商大学硕士研究生。研究方向：产业经济—产业政策与政府规制、流通经济理论与实践。邮箱：bjdj2010@126.com。

二、相关文献概述

（一）MSCP 分析范式

20 世纪 30~50 年代，梅森和贝恩等人经过努力，以哈佛大学为基础的正统产业理论基本形成。正统产业组织理论完全建立在新古典经济理论基础上，其基本特征是结构—行为—绩效（Structure-Conduct-Performanc，SCP），长期以来一直是正统产业组织理论研究的核心。

（1）结构是指厂商之间市场关系的表现和形式，包括买方之间、卖方之间、买卖双方之间以及市场内已有的买卖双方与正在进入或可能进入市场的买卖双方之间在交易、利益分配等方面存在的竞争关系。产业组织理论中的结构是用来描述在某一特定市场或产业中经营的厂商所面临的环境。这种环境可以通过厂商和消费者数目、产品差异化、集中度和进入壁垒、成本结构、纵向一体化和纵向约束等来描述。

（2）行为是指厂商在市场上为谋取更多的利润和更高的市场份额而采取的战略性行为或行动，即厂商做出决策的行为和如何实施决策的行为。厂商的市场行为主要集中在定价行为、广告、研究和开发、产品质量、竞争与合谋等策略上。

（3）绩效是产业组织经济学更关心的问题。所谓绩效是指在一定的市场机构下，通过一定的厂商行为使某一产业在价格、产量、成本、利润、产品质量、品种以及技术进步等方面达到的状态，即厂商的经营是否增加了社会的经济福利，是否能够满足消费者的需求。

MSCP 分析范式是在 SCP 分析范式的基础上加入了驱动力方面的分析。主要包括政策法规、经济压力、社会期望、自身成长需要。

（二）传统渠道与网络渠道

渠道是由商品所有者组成的、直接推动其形态变换的商品由生产领域进入消费领域的组织序列。传统渠道是指商品从生产厂家流向消费者手中的多个环节批发和销售的过程。传统渠道的功能通常是要通过中间商才能实现，其参与者可分为生产者、中间商、消费者和渠道的辅助机构，能协调生产和消费之间的矛盾，但也为制造商增加了流动成本。传统渠道中的消费者可以近距离接触商品，对商品各方面的性能有较为直接的了解，可以体会到购物的乐趣，但消费者在时间、精力方面的花费较高。

随着信息技术特别是网络技术的发展，网络渠道作为一种新的渠道形式和理念快速发展起来。网络营销借助于互联网络、电脑通信技术和数字交互式媒体来实现营销目标。由于网络渠道运用了功能强大的互联网，对于没有很多时间和精力的消费者，网络渠道成为一种快速方便的购物方式，坐在家中就可以与厂商沟通，及时获得上门服务或得到邮寄的商品。当商品质量出现问题或出现法律规定的其他可退换货的情形时，消费者有退换货的权利。但在网络渠道中，消费者要退换商品就没有这么简单，通过网络来与遥远的厂家进行沟通，增加了沟通成本。

三、以 MSCP 范式分析制造商开通网络渠道

（一）驱动力（M）分析

1. 政策法规的驱动力

总的来说，我国的信息化政策还不够完善，尤其体现在电子商务方面，相应的法律、法规，相关的标准还都没有建立，跨部门、跨地区的协调存在较大问题。但 2005 年我国第一个专门指导电子商务发展的政策性文件——

《国务院办公厅关于加快电子商务发展的若干意见》的颁布在我国电子商务发展史上具有重要意义。在《国务院办公厅关于加快电子商务发展的若干意见》中不仅非常准确地概括了我国发展电子商务存在的核心问题，而且阐述了我国发展电子商务的指导思想和原则，解决了政策取向和落脚点等主要问题。针对加快我国电子商务发展有关问题提出以下几个方面的意见：

（1）充分认识电子商务对国民经济和社会发展的重要作用。

（2）加快电子商务发展的指导思想和基本原则。

（3）完善政策法规环境，规范电子商务发展。

（4）加快信用、认证、标准、支付和现代物流建设，形成有利于电子商务发展的支撑体系。

（5）发挥企业的主体作用，大力推进电子商务应用。

（6）提升电子商务技术和服务水平，推动相关产业发展。

（7）加强宣传教育工作，提高企业和公民的电子商务应用意识。

（8）加强交流合作，参与国际竞争。

随着电子商务的环境建设的全面提速，电子商务的政策、法律法规、财税、投融资、信用、认证、标准、支付、物流、技术服务体系等环境的改善，为企业大力发展电子商务，充分利用网络渠道优势，提供了一个良好的环境。

2. 成本控制的驱动力

对于任何一家企业来说，有效地实施成本控制都是管理者认为最重要的问题之一。随着市场竞争的日趋激烈，为了更好地实现企业的经营管理目标，成本控制成为企业在市场竞争中取胜的最重要的决定因素之一。随着信息技术特别是网络技术的发展，网络渠道作为一种新的渠道形式和理念快速发展起来。由于网络渠道运用了功能强大的互联网，通过网络的直销渠道销售产品，可以省去大量的场地费和推销人员的差旅费等，所以可以有效地减少人员、场地等费用。

3. 消费者的驱动力

由于科学技术的发展和人类社会的进步，网络也走进了千家万户。随着消费者参与网络的能力和愿望的增加，消费者的消费行为模式也在不断地改变。对于没有很多时间和精力的消费者，网络渠道成为一种快速方便的购物方式，坐在家中就可以与厂商沟通，及时获得上门服务或得到邮寄的商品。网络渠道能使企业直接面对消费者，将货物展现在他们面前，及时了解消费者对产品的满意度，及时对消费者的建议和意见进行反馈，及时掌握流行趋势，及时调整产品的设计，使消费者更加满意，从而使得产销之间实现一对一的深层次双向沟通。

（二）市场结构（S）分析

在传统渠道中，制造商只负责生产，中间商和零售商负责产品在渠道中流转，最终流到消费者手中。由于网络渠道的便捷，成本较低，在定价方面具有优势，自然会吸引原本通过传统渠道购买产品的消费者。制造商开通了网络渠道，消费者可以通过便捷的方式购买相对于传统渠道价格更为合适的产品。但是，网络渠道不能亲眼看到商品的形状、颜色，闻到商品的气味，听到商品发出的声音，只能模仿和介绍，消费者不能亲身体验商品。由于制造商既有网络渠道又有传统渠道，顾客可能先到一个零售店中观察、询问商品，亲身体验商品，然后在网上购买。有时，消费者还会在网上购买产品却向零售商退货，零售商承担了顾客的成本，却没有获得销售额。对于中间商和零售商来说，原本是合作关系的制造商，现在却成了竞争对手，利益受到了损害。这对于制造商来说，网络渠道和传统渠道间就产生了竞争关系，冲突就随之而来。

网络渠道与传统渠道不是一种对立的关系。网络媒介具有传播范围最广、交互性强、针对性强等特点，是消费者了解企业、产品信息，企业树立品牌的优良工具。传统营销渠道在品牌展示、实现大量销售方面有较好表现。将两种渠道的优缺点互补，运用整合营销的手段将会起到互相促进的作用。如果网络渠道向传统渠道推荐顾客，网络渠道仍能因为整体绩效的提高而得到红利分配。IBM、天空通讯和美商实快等公司都有类似的渠道设计，厂商既可以在新的渠道中获得利益，又不会影响传统渠道成员的利益，甚至还有益于传统渠道成员，可以达到“双赢”的目标。

（三）市场行为（C）分析

互联网在信息流方面有得天独厚的优势，网络销售的快速增长得益于高效的物流配送，例如美国 UPS 公司、敦豪、联邦快递，它们通过各种方式和路线执行快递产品的业务。虽然网络渠道在成本方面有较大的优势，但是同国外相比，我国在物流配送和在线支付方面还有很多不足。目前我国的物流配送体系不健全，拥有全国物流能力的企业寥寥无几，特别是广大中小企业，物流能力不强，效率不高。在物流配送集中的重大节日，消费者不能按时收到在网上购买的产品的情况时有发生。对于消费者来说，通过网络渠道购物就存在一定的风险，他们要在风险与价格之间权衡，做出有利于自己的决策。如果制造商能在网络渠道和传统渠道之间制订出合理的价格，对风险有不同偏好的消费者会做出自己的选择，可保证传统渠道中渠道成员的利益，减轻渠道冲突。

网络定价跟传统定价一样离不开对成本的研究。网络交易成本理论认为生产成本、交易成本和边际成本是产品价格的组成部分。常用的网络定价主要有歧视定价、渗透定价、动态定价、细分定价等方法。在网络经济时代，在信息对等、充分的条件下，生产商若要吸引消费者，就一定要尽可能掌握他们的情况，如购买力、支付意愿、可支配收入、兴趣偏好、品牌忠诚、地域、风俗习惯、时尚程度、心理、态度、价值观等，同时还要掌握竞争对手的情况，如价格、市场定位、知名度、质量、性能、目标市场、成本等，然后在此基础上制订出让消费者完全认可的价格，从而接受企业的产品。

由于不同类型的产品有特定的消费群，如果制造商可以很好地区分产品的类别，就可以在维护传统渠道成员利益的基础上，从网络渠道中获益，同时可以避免渠道冲突。例如，SVSOUND 在传统渠道销售音响设备，但是还在网上销售一种品牌为 SBS-01 产品，而且该品牌只在网上销售；芭比娃娃的生产商美泰公司的一些热卖的产品是不通过网上销售的；吉普森吉他考虑到网上销售吉他会与零售商产生冲突，在网上仅出售吉他弦等附属配件。在我国，李宁公司就很好地做到了这一点，在传统渠道销售当期主流的产品，而在网络渠道销售库存积压和个性化产品。

（四）市场绩效（P）分析

企业的运作效率是企业的生存之本、发展之道，是企业核心竞争力的重要表现形式。制造商通过运用网络渠道强化管理，精简流程，加强内外部信息流通，提高了运作效率。制造商的管理者可以通过网络及时获得商务信息，加快决策速度，提高管理效率。利用网络的交互性制造商和客户之间的信息交流可以双向进行，减少了大量中间环节，从而大大提高了商务活动的质量和效率。

对于消费者参与网络购买的能力和愿望的增加，消费行为模式也在不断地改变，尤其是没有很多时间和精力的消费者，网络购买的渠道成为一种快速方便的消费方式，坐在家中就可以与厂商沟通，及时获得上门服务或得到邮寄的商品。制造商运用网络渠道销售自己产品就是不断满足消费者的因科技发展而产生的新需求。

四、小结

制造商顺应时代的发展采用双渠道策略，在原有的传统渠道之外开通了网络渠道。由于网络渠道有其特有的优势，可以为制造商带来竞争优势，但同时也会对传统渠道带来影响，损害了传统渠道成员的利益，最终会影响到渠道的整体运行。为了使整个分销渠道的利益达到最大化，制造商要协调网络渠道和传统渠道间的利益。一方面要对产品和消费者有清晰的划分，制定出合理的网络价格，避免网络渠道和传统渠道的冲突发生；另一方面要将网络渠道和传统渠道优缺点互补，使两个渠道相互协调，减轻冲突，最终实现“双赢”的目标。

参考文献

[1] Ruiliang Yan, Peijun Guo, John Wang, Nawel Amrouche. Product distribution and coordination strategies in a multi -channe context [J]. Journal of Retailing and Consumer Services, 2011, (January).

[2] 洪涛. 流通产业经济学 [M]. 北京：经济管理出版社，2007.

[3] 石磊，寇宗来. 产业经济学 [M]. 上海：上海三联书店，2003.

[4] 臧旭恒，徐向艺，杨蕙馨. 产业经济学 [M]. 北京：经济科学出版社，2007.

[5] 石陈华. 海尔电子商务运营案例研究 [D]. 兰州大学硕士学位论文，2009.

[6] 谭利其. 电子商务环境下双渠道定价模式的探讨 [D]. 西安电子科技大学硕士学位论文，2009.

[7] 徐文萍. 网络营销渠道冲突和合作模式研究 [D]. 西安电子科技大学硕士学位论文，2009.

[8] 季芳. 国内企业建立网络营销渠道引发的渠道冲突及管理策略 [J]. 经济与管理，2008 (1).

[9] 齐永智. 传统渠道与网络渠道的整合 [J]. 社会人文，2010 (12).

[10] 熊雅涵. 基于网络营销的制造企业渠道整合问题研究 [J]. 商业文化·商业研究，2010 (12).

第八章　我国中小流通企业信息化的 MSCP 分析

刘碧波[①]

一、我国流通业信息化的基本现状

我国流通业信息系统的建设正处于起步阶段，企业网站的功能仍然以基础应用为主，无论是硬件设备的生产，还是应用软件的开发，都缺乏有关统一的标准，这将给信息技术在流通领域的推广带来很大的障碍。首先，从商业中心城市看，还没能真正建立起商业增值网系统，缺乏与银行、税务、供应商及制造商在网上进行作业交换信息的技术条件；其次，对小型流通企业的信息化建设认识不足。根据国家统计局的调查报告资料显示，我国目前1000 多万中小企业中，实现信息化的比例还不到 10%；再次，信息化与电子商务的低水平重复建设严重，各部门、各地区、各行业都存在“信息孤岛”，致使信息资源的社会交换、开发与利用水平很低，流通信息化没有实现信息的有效流通；最后，在流通企业信息化建设投入中，存在“重建设轻维护”、“重硬件轻软件”、“重网络轻资源”、“重技术轻管理”等倾向。国内流通企业在信息系统中的投入只占其销售额的 0.1%~0.3%，国外一般占到

---

① 刘碧波（1985~），男，北京人，北京工商大学硕士研究生。研究方向：产业经济—流通经济。邮箱：Robin.lbb@163.com。

1.2%~2%；国内流通企业在信息系统中投入的硬件与软件之比一般是 5∶1，国外一般是 1∶1 或 1∶1.2。

二、我国流通业信息化的 MSCP 分析

（一）驱动力（M）分析

驱动力分析，主要指企业外部结构的分析，涉及政策法规、经济压力、企业自身成长需要等。

1. 政策法规

流通政策是针对流通领域或流通部门的产业政策，发达国家高度重视立法，法律体系健全，流通政策种类多样，并适时调整。由于各种原因，我国流通产业信息化的发展成熟度还不能跟发达国家相比。加入世界贸易组织后，中国市场双向开放，在带来无限商机的同时，各行各业都在不同程度上受到冲击，波及整个流通产业，甚至生产企业和消费者的消费行为。鉴于此，中国应在世界贸易组织框架下就国内流通产业和制造业的后续发展，做出某些独立自主的政策安排。中国信息化趋势报告指出，尽快完善或建立电子签名法、政府信息公开条例、电信法、信息法、信用法、电子货币以及信息安全等有关法律法规，为信息化的发展创建良好的社会法制环境。

2. 经济压力

由于中国现实存在的二元经济结构和东、中、西部以及城乡之间的发展极不平衡，我国流通领域的两次现代化没能依次发生，而是以并存的方式同时到来，融合进行，这就势必增加流通现代化的复杂性和难度。对于尚处于社会主义初级阶段的中国，要尽快摆脱不发达状态，迅速发展生产力，一个十分重要的战略就是在实现工业化、市场化的同时，发挥我国的后发优势，推进信息化进程，实现流通产业的跨越式发展。信息化为我国流通产业的发展带来了巨大的机遇，为中国流通业现代化建设提供了不竭的动力。

3. 自身成长需要

20 世纪 90 年代以来，以互联网为标志的新科技革命推动了世界经济的迅猛发展，引起了社会各个方面、各个领域的深刻变革。发达国家采用信息技术改造提升传统产业，极大地提高了产业技术水平，优化了社会资源配置，引领了全球产业调整和发展潮流。我国流通业应抓住国际产业转移机遇，大力推动产业信息化，改善发展条件，实现了经济的快速增长。尤其是在国际金融危机造成外部市场萎缩、国内产能过剩矛盾加剧的情况下，加快经济发展方式转变的任务更加紧迫。信息化作为一种高附加值、高增长、高效率、低能耗、低污染的社会经济发展方式，不仅自身是现代生产力的代表，而且通过与传统流通业的融合，可以改善传统产业的结构和质量，提高企业采购、设计、生产和流通效率，实现对资源的高效配置与管理水平的快速提升。

（二）市场结构（S）分析

市场结构指特定产业市场内买卖双方的竞争结构，实质是反映市场竞争和垄断关系，市场结构取决于三个因素：市场集中度、进入壁垒和退出壁垒。我们主要从两个角度对这三个因素进行分析：一是企业内部结构，涉及资本构成、组织结构及产品特征；二是企业区域结构，涉及市场开放程度。

1. 企业内部结构

企业组织结构是企业组织内部各个有机构成要素相互作用的联系方式或形式，以求有效、合理地把组织成员组织起来，为实现共同目标而协同努力。组织结构是企业资源和权力分配的载体，它在人的能动行为下，通过信息传递，承载着企业的业务流动，推动或者阻碍企业使命的进程。

不同的企业可以采用不同的信息化方式。信息化的应用也应从成本收益角度进行分析，对于一些小企业，人工的方式已经完全满足日常需要，没有必要在信息化方面再去花费人力、物力；而对于大中型企业，信息化的使用确实可以提高效率。另外，信息化必然要求投入大量的资本，这也造成了一些企业的进入和退出壁垒。

企业虽然自建或引进了先进的管理信息系统，但是管理观念还停留在之前的阶段，管理制度也没有得到相应的更新换代，致使企业的管理活动存在很多障碍，企业的信息化建设不能秩序井然地进行，其整体效应也就很难发挥。由于没有统一的标准，信息资源在企业各部门之间的快捷流通存在障碍，而且对引进的信息技术和产品应有的中文说明缺乏强制性措施，影响企业对引进的信息技术和产品的应用与管理。对计算机和网络犯罪缺乏有效的法律和技术防范手段，使许多企业特别是一些中小企业“谈网色变”。

2. 企业的区域结构

区域市场是相对于总体市场而言的一种市场空间形态，是以区域分工为基础，以其范围具有相对稳定性、可靠性和可统计性的地理空间为依托，以区域内的城市为市场节点或核心，拓展市场域面，联系全国市场和全球市场，实现区域经济协调发展，具有一定规模的开放性市场。在区域市场一体化进程中，信息化的建设将是一体化发展的推动器，广泛应用现代信息技术，深入开发、利用信息资源，将加速市场一体化的进程。

从流通业信息化的集中程度看，大中城市的信息化无论是从广度上还是从深度上又有较大的优势，这与流通业所处的环境有直接的关系。生产力发达、经济发展好的地区，企业面对较大的市场有很大的生存空间，同时也面临着更大的压力，为了适应环境，谋求自身的发展，企业千方百计地提高效率，而信息化的使用是提高效率的一个重要手段。相反，地处经济不发达的区域，企业没有很强的竞争压力，也就没有必要在信息化上投入大量的金钱和精力。

社会主义市场经济体制的建立是一个艰苦的过程。在这个过程中，部门所有的影响、市场分割、地方封锁等现象还不同程度地存在。这些体制性不足导致市场调配资源的作用比较有限，信息化与电子商务的低水平重复建设现象比较严重，信息资源的社会交换开发与利用水平很低；分散投资的总量虽然不少但却难以形成有效的社会公共服务平台，或者形成大型企业共建、共享的平台；市场细分和社会分工专业化发展不平衡，潜在市场巨大但现实需求却表现不足，直接影响到信息化在流通业的普及。

（三）市场行为（C）分析

企业市场行为是指企业在市场上为实现其目标而采取的为适应市场要求而不断调整其行为的行为。我们主要从经济投资、技术改造等方面进行市场行为分析。

1. 经济投资

随着我国流通领域的逐步开放，我们已经感受到了流通国际化的气息，随着中国加入世界贸易组织以后流通领域对外开放各种限制的逐步取消，我国流通国际化的进程将不可避免地加快。

作为一个特殊的投资项目，信息系统的经济效益既与一般投资项目有相类似的表现形式，又有其自身的特性。信息系统的经济效益评价要兼顾直接经济效益与间接经济效益、有形经济效益和无形经济效益，做到统筹考虑。一般来说，直接经济效益包括企业内部经济效益与直接受益部门、单位的经济效益的总和；间接经济效益则是指直接受益部门和企业自身经济效益以外的经济效益，多指对社会、环境、生态等的影响。这种分类方法在具体问题的分析和定量计算上虽然存在一些困难，但是仍然有一定的实际意义。这是因为，企业或组织对信息系统建设项目的经济效益进行论证分析时，首先将考虑给其本身所带来的经济效益大小，一个没有直接经济效益的项目是很难被列入议事日程的。有形经济效益是指可以用货币定量计算的经济效益，主要来源于生产成本的节约。例如，新的信息系统以自动化手段代替部分人工信息加工过程，从而带来的工资费用的节省。无形经济效益是指难以定量计算，不能直接用货币来体现的效益，主要指企业、组织机构的各种行为的有效性的增强。例如，信息系统使用后，企业或组织机构能够获得更多、更及时和更准确的信息，使企业的组织计划加强，经营更具灵活性等。

2. 技术改造

国外流通业目前采用的信息技术包括：条码技术；POS 销售系统和各种数据库分析软件；EDI 电子数据交易；E-SHOP 网络销售和 E-Business 电子商务等。目前，美国食品产业中，已有 80%的批发商和配送商依靠互联网销售，超过半数的食品企业设立了网站，其中 82%可以根据客户的需要提供产品信息，76%已将产品展示在网页上，50%可以通过网络订货。日本全国有 3600 家便民连锁店借助互联网进行商品的订购和货款的支付，同时让顾客在就近的便民连锁店取货。

提高我国流通业信息化的深度和广度，不仅可以提升企业的经济效益，更可以在激烈的国际竞争中处于有利地位。

（四）市场绩效（P）分析

企业市场绩效度量是在一定的市场结构下，由企业市场行为所形成的价格、产量、成本、利润、产品质量和品种以及技术进步等方面的经济成果。

1. 经济绩效

物流与商流的协调发展，是流通产业自身发展的客观要求，物流业是继劳动力、资本之后的第三利润源泉，它的重要性已经为人们所认识。虽然我国物流的基础设施和装备已初具规模，但内在质量差，物流环节衔接不畅，物流的专业化、社会化水平不高，这些因素导致物流运作成本较高、效益不佳。据世界银行测算，中国物流成本占 GDP 的比重为 16.7%，日本 1997 年物流总成本占 GDP 的比重为 9.6%，美国 2000 年物流总成本占 GDP 的比重为 10.1%。

2003 年中国零售企业的毛利率平均值为 9%，而外雇零售业则达到了 24%。究其原因，除了模式和规模上的差距，信息化的使用也发挥了重要的作用。世界零售业巨头沃尔玛在信息化的使用上一直走在时代的前列，在与宝洁的供应链合作中启动了 CPFR（Collaborative Planning，Forecastingand Replenishment，协同计划、预测与补货）流程。这是一个有九个步骤的流程，它从双方共同的商业计划开始，到市场推广、销售预测流程、订单预测，再到最后对市场活动的评估总结，构成了一个可持续提高的循环流程。流程实施的结果是双方的经营成本和库存水平都大大降低，沃尔玛分店中的宝洁产品利润增长了 48%，存货接近于零。

2. 社会绩效

流通产业技术结构失衡，传统技术仍然占据主导地位。长期以来，我国一直视流通产业为“劳动密集型”产业，忽视技术开发与运用。目前我国商业企业基本没有形成自动化信息网络，在物流等部门，操作工具还只停留在传统的叉车等设备上，机械化自动化程度偏低。可是发达国家的流通产业早已显示出“技术密集型”特征，其技术升级过程为我们展示了这一点。20 世纪 60~70 年代，自动售货规模扩大；70 年代后许多流通环节采用了计算机技术；20 世纪 80 年代，EDI 技术、供应链管理技术得到广泛应用；20 世纪 90 年代以后出现了运用 Internet 的电子商务技术。因此，我国流通产业的技术结构亟待改善。

发展信息化，提高信息产业在国民经济中的比重，既是经济发展新的增长点，也有利于国民经济整体产业结构的优化。因此，充分发挥信息化在科技体系中的先导作用，把信息化作为产业优化升级的关键环节，已成为促进我国经济社会协调发展的必然选择。

在解决方案选择上，是定制管理软件还是选择市场现成的商业化解决方案？可以说，没有一个成套软件是万能的，没有一套现有软件可以完全满足某个企业的需求。也就是说，流通企业应当考虑从企业实际情况出发，量体裁衣，定制管理软件可能是比较科学有效的。同时，流通企业应当关注软件的修改，不断更新。应注意的是：采购价格只能占安装成套系统全部成本的 25%，后续的支出仍然是大头。而且信息技术不断发展，按照摩尔定律，今天市场上最成熟的解决方案，可能明天即将面临淘汰。

三、结论与建议

改革开放以来，中国流通产业有了翻天覆地的变化，取得了历史性的成就。除了制度创新的重要作用之外，技术创新尤其是信息化建设对中国流通现代化的进程也有着深刻的影响，信息化的发展给中国流通产业带来的绩效是相当可观的。现代信息技术在流通领域的广泛应用，不仅促进了流通产业的快速发展和结构调整，提高了全社会的流通效率和经济效益，而且促使流通业在国民经济中的地位日益提升，由原来的末端产业上升为先导行业，对国民经济的发展起着越来越重要的作用。

与此同时，也应该清醒地认识到，中国流通业的信息化水平与国外先进水平仍相去甚远，处于较低层次或模仿阶段。根据诺兰①关于组织由手工信息系统向以计算机为基础的信息系统发展的六阶段理论，目前我国中小企业信息整体应用水平仍然处于诺兰模型的蔓延或由蔓延向控制的过渡阶段。国内流通企业在信息系统中的投资，硬件与软件之比一般是 5∶1，国外一般是 1∶1 或 1∶1.2；国内流通企业的管理人员分析和运用数据的能力较差；为流通企业开发设计信息系统的商业软件企业发展缓慢，盈利微薄，而且有盈利也大部分靠的是与商业软件集成销售的硬件等。流通产业计算机和信息技术应用水平的落后，已经成为制约中国流通产业发展的技术“瓶颈”，严重影响了流通现代化的进程，中国传统流通业迫切需要借助信息化来实现向现代流通业的历史性跨越。

参考文献

[1] 龚炳铮. 中国信息化趋势报告——“十一五”至 2020 中国信息化目标与战略 [J]. 中国信息界，2004（20）.

[2] 富原. 国外提高现代流通业竞争力的经验及启示[J]. 黑龙江对外经贸，2006（10）.

[3] 张弘. 信息化与中国流通现代化 [J]. 商业经济与管理，2003（9）.

[4] 张弘. 信息化与中国流通创新 [J]. 财贸经济，2003（10）.

[5] 荆林波. 利用信息技术改造流通企业 [J]. 商业研究，2004（14）.

[6] 刘俊斌. 企业信息化经济效益的分析与评价 [J]. 商业现代化，2006（6）.

[7] 顾小平. 提高供应经济效益的有效途径探析 [J]. 中国市场，2010（2）.

[8] 文启湘，赵玻. 新时期我国流通产业政策创新研究 [J]. 财贸经济，2003（7）.

[9] 徐伟. 信息系统的经济效益分析 [J]. 中南财经政法大学学报，2008（1）.

[10] 秦娇艳. 信息资源规划与企业信息化 [J]. 现代情报，2006（7）.

① 诺兰将计算机信息系统的发展道路划分为六个阶段：初装阶段、蔓延阶段、控制阶段、集成阶段、数据管理阶段和成熟阶段。

[11] 谷永芬，杨慧瀛. 用信息化推动我国区域市场一体化发展的对策研究 [J]. 商业研究，2003 (24).

[12] 邓若鸿，龚新忠，郑小军. 中国流通行业信息化与电子商务发展问题与政策建议 [J]. 商业研究，2003 (24).

[13] 荣红光. 中小企业信息化分类及应用 [R]. 天津大学，2007.

第九章　我国 B2C 电子商务模式下物流配送的 MSCP 分析

杜佳佳①

电子商务运作中，物流配送既是一个重要环节，也是发展的一大“瓶颈”。面对如此复杂的电子商务物流配送问题的研究，本章借助产业组织理论中“结构—行为—绩效”（SCP）的分析范式，通过引入驱动力（Motivation）因素，对传统 SCP 分析框架进行拓展，构造了“驱动力—结构—行为—绩效”的 MSCP 分析框架（见图 9-1）。以期为 B2C 电子商务模式下物流配送的发展完善提供借鉴思想。

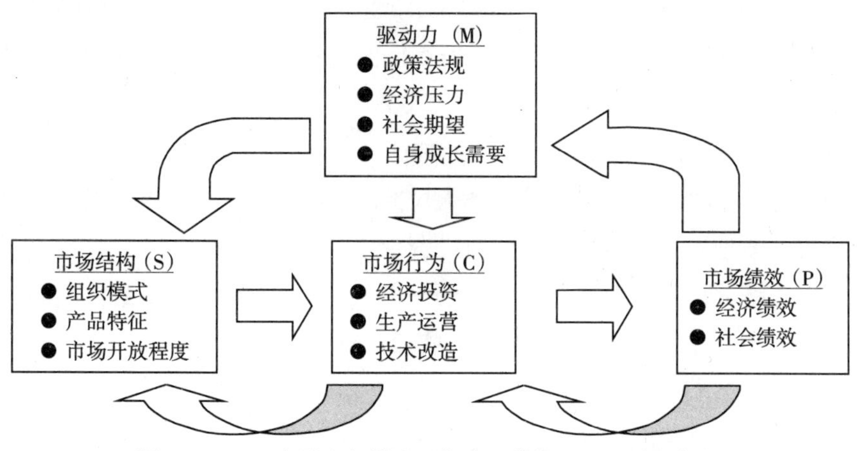

图 9-1　B2C 电子商务模式下物流配送的 MSCP 分析框架

① 杜佳佳（1988~），男，山东枣庄人，北京工商大学硕士研究生。研究方向：产业经济—流通产业。邮箱：xiluo1988@yahoo.com.cn。

一、基于 MSCP 框架下 B2C① 物流配送分析

（一）驱动力（M）分析

1. 政策法规

随着 B2C 电子商务的快速发展，消费者对物流配送的需求越来越大，服务要求也越来越高，随之产生的消费纠纷也越来越多，物流方面的法律法规的跟踪制定也越来越紧密，反过来促进了现代物流业的发展完善。目前已经出台的主要物流法律法规和政策有：2001 年 3 月，国家经贸委、铁道部、交通部、信息产业部、对外经济贸易合作部、中国民航总局印发的《关于加快我国现代物流发展的若干意见》，交通部发布的《关于促进运输企业发展综合物流的若干意见》，交通部、外经贸部 2001 年 11 月发布的 《外商投资道路运输业管理条例》，外经贸部 2002 年发布的《外商投资国际货物运输代理企业管理办法》。国务院于 2009 年 3 月颁布《物流业调整与振兴计划》，成为我国第一部物流行政法规。而国内首部促进物流业发展的地方性法规《福建省促进现代物流业发展条例》也于 2008 年出台。此外，我国近几年还陆续出台了一些物流方面的法律法规，如国务院发布的《中华人民共和国海运条例》，全国人大修订通过的《中华人民共和国海关法》以及电子商务法律相关法规，原外经贸部颁布的《外商投资现代物流企业管理规定》，铁道部颁布的《铁路货物运输管理条例》等。虽然我国已有一些调整物流方面的法律法规，但却没有一部专门的、统一的物流法规。

2. 经济压力

根据《2010 年度中国电子商务市场数据监测报告》中的网络零售数据显

① B2C（Business to Customers）是电子商务的一种模式，现在处于其“市场的成长时期”，即大量消费者通过电子商务这一现代化手段向生产企业或者商家订货，当前制约其发展的主要问题是网上的电子结算和网下的物流配送滞后，网上交易和同步结算尚需要有一个发展的过程。

示，2010 年，中国网上零售市场交易规模达 5131 亿元，较 2009 年翻了一番，约占全年社会商品零售总额的 3.32%。预计在未来两年内网上零售市场交易规模将会步入一个全新的台阶，突破 10000 亿元，占全年社会商品零售总额将超过 5%。

2010 年，国内 B2C、C2C 与其他非主流模式企业数已达 15800 家，较上年涨幅达 58.6%，预计 2011 年将突破 2 万家；国内网上零售的用户规模达 1.6 亿人。预计未来几年，这一规模仍将迅速持续上升；国内个人网店的数量已经达到了 1350 万家，较上年涨幅为 19.2%，预计未来三年内仍将稳定增长。

我们可以看到 B2C 电子商务的蓬勃发展，而且以后规模会越来越大。但是，随着电子商务的发展，物流配送问题不得不被提出，电子商务的兴起对物流业提出了更高的要求快捷的物流速度，如广阔的配送范围，较强的反应能力，更高的服务水平等。

3. 社会期望

近年来，随着电子商务的蓬勃发展，目前传统的物流满足不了电子商务的配送需求。社会上，与之相关的各行各业迫切需要传统物流的转变，以下从五个方面对传统物流进行对比分析：

（1）资源配置方面。电子商务系统网络化将散置在各地的分属不同所有者的仓库通过网络系统连接起来，而传统的物流配送企业需要置备大面积的仓库，这样企业在组织资源的速度、规模、效率和资源的合理配置方面都是传统的物流配送所不可比拟的。

（2）配送结构方面。传统的物流配送过程是由多个业务流程组成的，受人为因素和时间影响很大。网络的应用可以实现整个过程的实时监控决策。新型的物流配送业务流程通过网络可以在极短的时间内做出反应，并可以拟订详细的配送计划，通知各环节开始工作。

（3）配送效率方面。物流配送的持续时间在网络环境下会大大缩短，对物流配送速度提出了更高的要求。在传统的物流配送管理中，由于信息交流的限制，完成一个配送过程的时间比较长，但通过网络系统，任何一个有关配送的信息和资源都会通过网络管理在几秒钟内传到有关环节。

(4) 物料采购方面。企业在网上寻找合适的供应商，在理论上具有无限的选择性。这将导致市场竞争的加剧，并带来供货价格降低的好处。作为供应商则是积极与制造商建成稳定的渠道关系，并在技术、管理、服务等方面与制造商结成更深度的战略联盟。制造商和供应商之间将在更大的范围内和更深的层次上实现信息资源共享。

(5) 物流存货方面。一般认为，电子商务增加了物流系统各环节对市场变化反应的灵敏度，可以减少库存。但从物流的观点，这实际是借助信息分配对存货在供应链中进行了重新安排。存货在供应链中总量是减少的，但结构上将沿供应链向下游企业移动。

4. 自身成长需要

我国尚未建立强大的物流配送体系，物流管理水平低，现代物流业发达程度欠缺，全国范围或更广范围的物流配送能力尚显不足。体现在以下五个方面：

(1) 物流配送质量低、成本高。我国的电子商务物流配送准确率低，约为80%，离发达国家的98%还有不小的差距。另外我国电子商务配送的安全性低，货损率高，配送不及时。同时我国当前的电子商务，消费者所购商品的费用还远没有达到国外的水平，而配送增值更是突出问题。

(2) 物流配送便利性差。我国目前的电子商务物流存在取货难、查询难、退货难的问题。其中退货难是我国大多数电子商务共同的问题，如果要退货，只能通过邮寄，或自己送到相应的配送中心，而不是有人上门收集，对电子商务企业的业务和形象造成了一定的影响。

(3) 物流配送基础设施不配套、管理手段落后。经过多年的发展，我国在交通运输、仓储设施、信息通信和货物包装等物流基础设施方面有了一定的发展，但总体上来说，物流基础设施还比较落后，各种物流基础设施的规划和建设缺乏必要的协调性，因而物流基础设施的配套性和兼容性差，缺乏系统功能。配送中心的管理、物流管理模式和经营方式的优化等问题也都亟须解决，加之服务网络和信息系统也不健全，严重影响物流配送服务的准确性与时效性，从而阻碍了电子商务的发展。

(4) 物流和配送方面的人才严重缺乏。物流从业人员是否具有一定的物流知识水平和实践经验，会直接影响到企业的生存与发展。由于我国在物流方面的起步较晚，所以在物流和配送方面的教育还相当落后。

（5）物流配送认识和重视程度不够。我国的电子商务还处在初级发展阶段，其功能主要局限于信息的交流，电子商务与物流之间相互依赖、相互促进的关系还没有在社会上得到普遍的认识。特别是部分政府部门和企业认为物流就是运输，对物流的认识仍停留在传统的货运、存储等层面上。因此，人们在对电子商务重视的同时，却对电子商务下的物流配送系统的重视程度不高，限制了电子商务快速、高效、便捷作用的发挥。

（二）市场结构（S）分析

市场结构是决定企业行为和市场绩效的主导因素，通常主要通过市场集中度、产品差异和进入退出壁垒指标来衡量。而我们现在从组织模式、产品特征、市场开放程度这三个方面来分析。

1. 组织模式

研究国内外的电子商务企业，目前的电子商务物流模式主要有四种：自营物流模式、第三方物流模式、物流联盟模式和物流一体化模式。

（1）自营物流模式。所谓自营物流模式是指电子商务企业，自行组建物流配送系统，经营管理企业的整个物流运作过程（见图 9–2）。

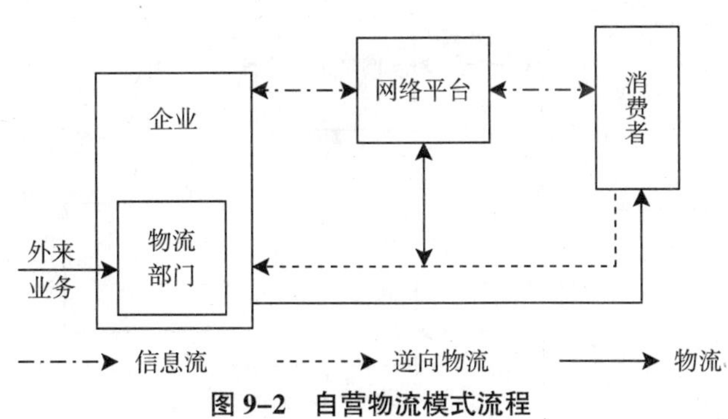

图 9–2　自营物流模式流程

（2）第三方物流模式。第三方物流是指由物流劳务的供方、需方之外的第三方去完成物流服务的物流运作方式。第三方就是指提供物流交易双方的部分或全部物流功能的外部服务提供者。第三方物流随着物流业的发展而发展，是物流专业化的重要形式，物流业发展到一定阶段必然会出现第三方物流（见图 9–3）。

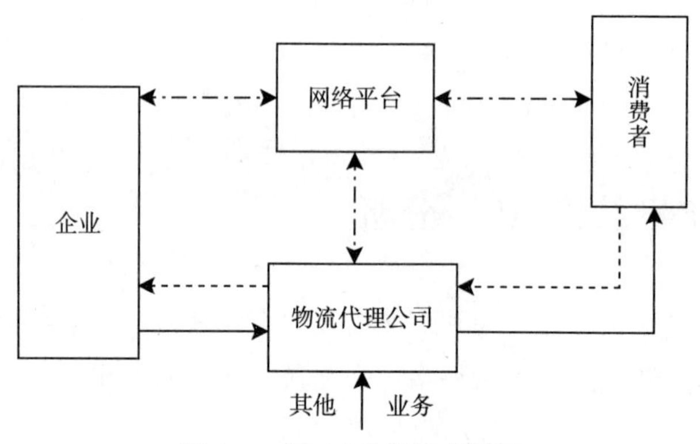

图 9–3　第三方物流模式流程

（3）物流联盟模式。物流联盟是指两个或两个以上的经济组织为实现特定的物流目标而采取的长期联合与合作。其目的是实现联盟参与方的“共赢”，具有相互依赖、核心专业化、强调合作的特点（见图 9–4）。

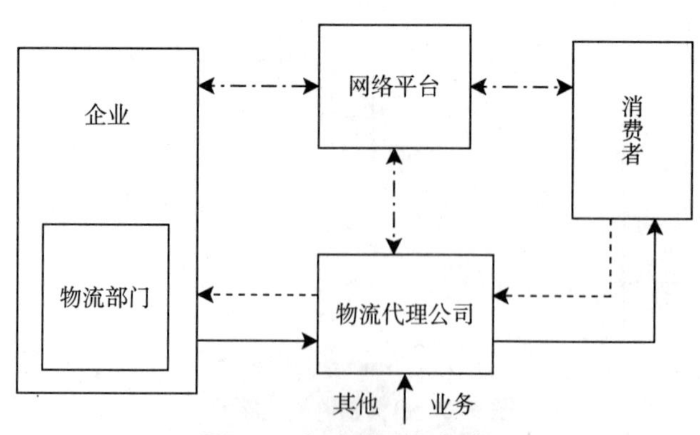

图 9–4　物流联盟模式流程

（4）物流一体化模式。所谓物流一体化就是以物流系统为核心，由生产企业、经由物流企业、销售企业直至消费者供应链的整体化和系统化。在这种模式下，物流企业通过与生产企业建立广泛的代理或买断关系，与销售企业形成较为稳定的契约关系，从而将生产企业的商品或信息进行统一组合处理后，按部门订单要求配送到店铺（见图 9–5）。

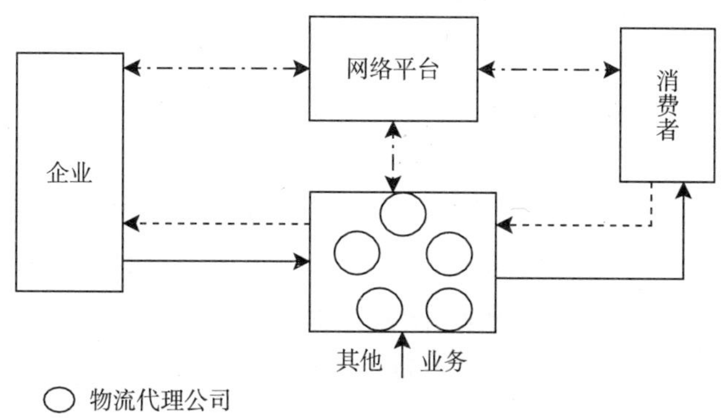

图 9–5　物流一体化模式流程

2. 产品特征

（1）物流配送信息化。物流配送信息化表现为物流配送信息的商品化、信息搜集的数据库化和代码化、信息处理的电子化和计算机化、信息传递的标准化和实时化、信息存储的数字化等。没有物流的信息化，任何先进的技术设备都不可能应用于物流领域，信息技术在物流中的应用将会改变世界物流的面貌。

（2）物流配送自动化。自动化的基础是信息化，自动化的核心是机电一体化，自动化的外在表现是无人化，自动化的效果是省力化，另外还可以扩大物流作业能力、提高劳动生产率、减少物流作业的差错等。物流自动化系统包括条码/语音/射频自动识别系统、自动分拣系统、自动存取系统、自动导向车、货物自动跟踪系统等。

（3）物流配送网络化。物流领域网络化的基础也是信息化，这里指的网络化有两层含义：一是物流配送系统的计算机通信网络，包括物流配送中心与供应或制造商的联系要通过计算机网络，另外与下游顾客的联系也要通过计算机网络通信。二是组织网络化及所谓的企业内联网（Intranet）。全球网络资源的可用性及网络技术的普及为物流的网络化提供了良好的外部环境，是物流配送活动的重要特征之一。

（4）物流配送智能化。物流配送智能化是物流配送自动化、信息化的一种高层次应用。物流配送作业过程大量的运筹和决策，都需要借助于大量的知识来解决。在物流自动化的进程中，物流智能化是不可回避的技术难题。目前专家系统、机器人等相关技术在国际上已经有比较成熟的成果，物流智能化已经成为电子商务下物流发展的一个新趋势。

（5）物流配送柔性化。柔性化原是生产领域为实现“以顾客为中心”而提出的，但要真正做到柔性化即真正根据消费者需求的变化来灵活调节生产工艺，没有配套的柔性化的物流配送系统是不可能实现的。柔性化物流正是适应生产、流通与消费的需求而发展起来的新型物流模式。它要求物流配送中心根据消费需求“多品种、小批量、多批次、短周期”的特点，灵活组织和实施物流作业。

3. 市场开放程度

对于市场开放程度，我们可以把它看做市场的进入和退出壁垒。

首先来看进入壁垒，目前我国物流企业已经开始大规模采用一些先进的物流技术，但是这些技术一般都是通用技术，比较容易复制和模仿，难以通过技术创新创造成本优势和规模经济。因此，新企业进入物流产业并不困难，尤其是一些低端的物流市场（如运输市场），往往导致一些个体经营者进行恶性竞争。此外，我国物流企业绝大多数属于中小型企业，难以实现规模经营，整个产业的规模经济性不强，只有一些从事高端和专业化经营的物流企业具有一定规模经济的特性。虽然对于配送中心的建设需要的资本量比较大，但是往往这样大规模的配送中心由政府牵头规划建设，并且大部分的物流配送企业是传统储运企业转型而来，设备往往可以更新利用，所以实际对资金的需求存在着一定壁垒（主要面向高端、现代化的物流企业），但进入壁垒并不是非常高。

再来看退出壁垒，退出壁垒主要表现为沉没成本壁垒。大多数物流配送企业所建的仓库、堆场、物流中心、信息设备，购买的车辆等专用设备在企业退出物流产业时，都难以以合理的价格及时销售出去。因此，整体来看物流产业的退出壁垒较高。

（三）市场行为（C）分析

市场行为是指企业在市场上为实现目标而采取的适应市场要求不断调整其行为的行为。我们将从经济投资、生产经营和物流技术改造三个方面进行分析。

1. 经济投资和生产经营

根据上文市场结构中，组织模式主要分为自营物流模式、第三方物流模式、物流联盟模式和物流一体化模式四种类型。为了分析方便，我们将经济投资与生产经营在一起分析，以此更好地反映市场行为为了适应市场而不断调整其行为的过程。

（1）自营物流模式。企业自营物流模式意味着电子商务企业自行组建物流配送系统，经营管理企业的整个物流运作过程。由于我国物流公司大多是由传统的储运公司转变而来的，还不能满足电子商务的物流需求，因此，很多企业借助于他们开展电子商务的经验来开展物流业务，即电子商务企业自身经营物流。目前，在我国，采取自营模式的电子商务企业主要有两类：第一类是资金实力雄厚且业务规模较大的电子商务公司，电子商务在我国兴起的时候，国内第三方物流的服务水平远不能满足电子商务公司的要求。第二类是传统的大型制造企业或批发企业经营的电子商务网站，由于其自身在长期的传统商务中已经建立起初具规模的营销网络和物流配送体系，在开展电子商务时只需将其加以改进、完善，便可满足电子商务条件下对物流配送的要求。

选用自营物流，可以使企业对物流环节有较强的控制能力，易于与其他环节密切配合，全力专门服务于本企业的运营管理，使企业的供应链更好地保持协调、简捷与稳定。此外，自营物流能够保证供货的准确和及时，保证顾客服务的质量，维护了企业和顾客之间的长期关系。但自营物流所需的投入非常大，建成后对规模的要求很高，大规模才能降低成本，否则将会长期处于不盈利的境地。而且投资成本较大、时间较长，对于企业柔性有不利影响。另外，自建庞大的物流体系，需要占用大量的流动资金。更重要的是，自营物流需要较强的物流管理能力，建成之后需要工作人员具有专业化的物流管理能力。

（2）第三方物流模式。第三方物流公司通过与第一方或第二方的合作来提供其专业化的物流服务，它不拥有商品，不参与商品买卖，而是为顾客提供以合同约束、以结盟为基础的、系列化、个性化、信息化的物流代理服务。第三方物流企业一般都是具有一定规模的物流设施设备（库房、站台、车辆等）及专业经验、技能的批发、储运或其他物流业务经营企业。

随着商业机构和各大公司面对日趋激烈的竞争，不得不将主要精力放在核心业务上，将运输、仓储等相关业务环节交由更专业的物流企业进行操作，以求节约和高效；另外，第三方物流企业为提高服务质量，也在不断拓宽业务范围，提供配套服务。因此，第三方物流业务的范围将不断扩大，第三方物流产业的发展潜力巨大，具有广阔的发展前景。

（3）物流联盟模式。物流联盟为了达到比单独从事物流活动取得更好的效果，在企业间形成了相互信任、共担风险、共享收益的物流伙伴关系。企业间不完全采取导致自身利益最大化的行为，也不完全采取导致共同利益最大化的行为，只是在物流方面通过契约形成优势互补、要素双向或多向流动的中间组织。同时，合作企业仍保持各自的独立性。

一般来说，组成物流联盟的企业之间具有很强的依赖性，物流联盟的各个组成企业明确自身在整个物流联盟中的优势及担当的角色，内部的对抗和冲突减少，分工明晰，使供应商把注意力集中在提供客户指定的服务上，最终提高了企业的竞争能力和竞争效率，满足企业跨地区、全方位物流服务的要求。

（4）物流一体化模式。物流一体化是在第三方物流的基础上发展起来的新的物流模式。20 世纪 90 年代，西方发达国家如美、法、德等国提出物流一体化现代理论，并应用和指导其物流发展，取得了明显效果。在这种模式下物流企业通过与生产企业建立广泛的代理或买断关系，使产品在有效的供应链内迅速移动，使参与各方的企业都能获益，使整个社会获得明显的经济效益。这种模式还表现为用户之间的广泛交流供应信息，从而起到调剂余缺、合理利用、共享资源的作用。物流一体化的发展可进一步分为三个层次：物流自身一体化、微观物流一体化和宏观物流一体化。

物流一体化是物流产业化的发展形式，它必须以第三方物流充分发育和完善为基础。物流一体化的实质是一个物流管理的问题，即专业化物流管理人员和技术人员，充分利用专业化物流设备、设施，发挥专业化物流运作的管理经验，以求取得整体最佳的效果。同时，物流一体化的趋势为第三方物流的发展提供了良好的发展环境和巨大的市场需求。

2. 物流技术改造

物流技术（Logistics Technology）是物流活动中所采用的自然科学与社会科学的理论、方法，以及设施、设备、装置与工艺的总称。电子商务物流技术一般是指与电子商务物流要素活动有关的所有专业技术的总称，包括各种操作方法和管理技能等。主要包括两个方面，即物流硬技术和软技术。

物流硬技术是指物流设施、装备和技术手段，主要包括：计算机、互联网、数据库技术、条形码技术，同时还有电子数据交换（EDI）、全球卫星定位系统（GPS）、地理信息系统（GIS）、电子订货系统（EOS）、销售时点信息系统（POS）等（见表 9-1）。

表 9-1　电子商务物流硬技术分类

信息识别技术	物流标识技术	商品条形码	EAN-13 商品条形码、EAN-8 商品条形码、UPC 商品条形码
		物流条形码	EAN-13 条形码、储运单元条形码、EAN/UCC 系统 128 条形码
		电子数据交换技术（EDI）	EDI 数据标准化、EDI 软件及硬件、通信网络
	射频—标签（RF）识别系统	射频	读写器、计算机网络
		标签	射频模块、存储器、控制器、天线
	地理信息系统（GIS）	计算机系统、地理数据库系统、应用人员、组成机构	
	全球卫星定位系统（GPS）		
信息处理技术	电子自动订货系统（EOS）	订货系统、通信网络系统、接单电脑系统	
	销售时点（POS）信息系统	前台 POS 信息系统、后台 MIS 系统	
	计算机辅助订货系统（CAO）	商店的基本情况、实际销售与预期销售、安全库存水平、有效订货数量、准确货架与库存水平、影响需求特殊因素	
	仓库管理技术（WMS）	定期盘库系统、实时盘库系统、空间管理系统	
	数据库技术（DB）		

电子商务物流软技术是指为组织实现高效率的物流所需要的计划、分析、评价等方面的技术和管理方法等，又称物流技术应用方案，主要包括运输或配送中的路线规划技术、库存控制技术、物流过程中的可视化技术，以及供应链管理（SCM）、顾客关系管理（CRM）、快速反应（QR）、准时制生产（JIT）等（见表 9-2）。

表 9-2 电子商务物流软技术分类

<table>
<tr><td rowspan="11">进、销、存决策支持系统</td><td rowspan="2">进货管理子系统</td><td>采购管理系统</td><td>采购预警系统、供应厂商管理系统、采购单据打印系统、采购跟催系统</td></tr>
<tr><td colspan="2">应付账款系统</td></tr>
<tr><td rowspan="7">销售管理子系统</td><td>订单处理系统</td><td>客户询价/报价、订单接收确认输入</td></tr>
<tr><td>销售分析与销售预测</td><td>销售分析、销售预测、商品管理</td></tr>
<tr><td colspan="2">拣货规划系统与包装流通加工规划系统</td></tr>
<tr><td>派车及出货配送系统</td><td>商品集中、分类、制定运送车辆、实际装车、配送、配送途中的跟踪管理</td></tr>
<tr><td rowspan="2">仓库管理系统</td><td>机具设备的应用规划、使用管理及机具本身的保养维护</td></tr>
<tr><td>配送中心有效利用现有空间的区域规划布置</td></tr>
<tr><td colspan="2">应收账款系统</td></tr>
<tr><td rowspan="2">库存管理子系统</td><td>入库作业处理系统</td><td>预定入库数据处理、实际入库处理</td></tr>
<tr><td>库存控制系统</td><td>商品分类分级、订购批量及订购时点确定、库存跟踪管理、库存盘点作业</td></tr>
<tr><td rowspan="8">配送与运输管理系统</td><td rowspan="5">配送中心管理系统</td><td colspan="2">销售决策支持系统</td></tr>
<tr><td colspan="2">采购决策支持系统</td></tr>
<tr><td colspan="2">储存决策支持系统</td></tr>
<tr><td colspan="2">综合决策支持系统</td></tr>
<tr><td colspan="2">有效的客户反映（ECR）和 JIT 系统</td></tr>
<tr><td rowspan="3">运输信息管理系统</td><td colspan="2">货物跟踪子系统</td></tr>
<tr><td>车辆运行管理系统</td><td>应用 MCA 无线技术的车辆运行管理系统，应用通信卫星、GPS 技术和 GIS 技术的车辆运行管理系统</td></tr>
<tr><td colspan="2">中小物流运输企业的信息交流网络</td></tr>
</table>

（四）市场绩效（P）分析

市场绩效是指在一定的市场结构下，由一定的市场行为所导致的、反映市场运行效率的产业的最终经济成果。判断某一产业的生产绩效，我们从经济绩效和社会绩效这两方面入手。

1. 经济绩效

近几年，社会物流需求加快增长，物流市场规模不断扩大。2010 年，我国物流市场总规模达 4.9 万亿元，2010 年，我国网上购物总额达 5131 亿元，国内每天流转的快件量高达 1000 万票。同时，物流类基础设施投资保持较快增长，“十一五”期间，累计投资超过 10 万亿元，年均增长 27.7%。物流配送业的快速发展和基础设施的完善建设，为我国经济发展带来了巨大的收益。

2. 社会绩效

2010 年，社会物流总额和物流业增加值分别可达 125 万亿元和 2.7 万亿元，年均分别增长 21%和 16.7%；社会物流总费用与 GDP 的比率约为 18%左右，可望比 2005 年降低 0.3 个百分点，相当于新增社会经济效益 1000 多亿元；我国物流业增加值占 GDP 的比重可达 7%左右，占第三产业增加值的比重约为 16%左右，有力地支持了国民经济发展和发展方式转变。

二、对策与结论

（一）积极发展电子商务物流主体——第三方物流

从宏观上看，我国应该加强电子商务及物流方面的理论研究，继续加强物流基础设施规划与建设，积极发展社会化、网络化的物流服务体系，提高全社会对电子商务物流的充分认识和大力培养物流方面的专业人才，等等。在这里，最值得一提的是，我国应该进一步鼓励发展第三方物流，提高物流企业的社会化和专业化水平，为电子商务物流模式的选择提供基础和平台。

（二）提高信息化水平，实现信息“无缝连接”

电子商务物流具有快速、便捷、透明的特点，这些特点的实现需要电子商务和物流企业具有较高的信息化水平，更重要的是要实现二者信息的共享和无缝对接。在网上交易和网下配送的过程中，企业能通过网上信息共享和传递来共同组织供应、管理库存、改进服务、控制成本，并实现完善的企业内部管理。

而要做到这点，对于物流企业来说，首先需要对自己的业务流程进行重组，也就是根据电子商务的要求对自己的业务流程进行规范化整合；其次需要按照不同功能分解企业连续的业务流程，以便于进行数字化运作；最后就是运用一系列数字指标来评价运行情况及功能模块之间的关系，将企业的运行状态与标准状态进行比较从而得出管理信息。物流服务过程的信息化前提是要求企业在基础管理方面能够做到规范化。然而，我国处于转型中的传统物流企业在这方面非常薄弱，规范和加强基础管理是我国电子商务物流发展的唯一出路。

（三）进一步完善物流管理体制，整合物流资源

我国的电子商务物流配送存在着范围受限和配送资源闲置的双重烦恼，一方面，偏远城市和乡村根本享受不到电子商务物流的便捷和快速；另一方面，在一些大城市中，配送资源又存在着过剩现象。因此要求市场体系必须具有开放性和统一性，不应存在分割和封闭的状态。我国的物流市场要实现国内、国际市场的有机结合，同时在区域上合理布局，避免重复建设带来的相同业态之间的恶性竞争，还要利用业态的多样化来满足消费需求的多样性和多层性。逐步将现代物流方式向小城镇和农村延伸，建立起零售和批发、期货与现货、外贸与内贸、有形和无形市场相互衔接的开放、统一、竞争有序、信息灵敏、网络通畅，并能与各市场要素协调发展的商品市场体系。从根本上改变城乡市场发展不平衡的现状，形成城乡之间高效通畅的物流

体系。

（四）发挥政府对物流发展的促进作用和加强软硬件建设

政府应该在政策和资金上对电子商务物流配送体系的建设进行支持和帮助，针对当前我国物流产业管理分散的现状，从政府的角度来说，首先，从管理部门入手，建立统一管理全国物流的机构或权威性的组织协调机构，由其承担组织协调职能，组织各部门为统一归口管理物流业创造条件。其次，政府要确立物流业发展的总目标，以政府为主导并引导企业共同加大对物流业的投资力度，统一进行物流发展规划，借鉴国际物流发展经验、结合我国实际经济水平，建立科学分布的物流基础设施，改变当前物流业不合理的布局状态，并以此为基础，建立起我国物流实体网络，为物流产业整体发展水平的提高奠定基础。最后，要为电子商务的发展创造良好的社会环境，政府要加强在运输方式和信息网络方面的投资建设，从而保障交通流和信息流的顺畅，形成全社会的电子化物流配送系统。

（五）广泛开展物流培训与教育，培养高素质的物流经营管理技术人才

电子商务物流配送行业的发展关键还要依靠高素质高层次人才的推动。为了适应电子商务时代物流配送行业的新要求，必须大力培养从事物流理论研究与实务的专门人才、懂得电子商务理论与实务的专门人才、既懂 IT 技术又懂电子商务的网络经济人才、既懂电子商务又懂现代物流的复合型人才。

（六）完善与物流配送相配套的法律政策

针对电子商务物流配送出现的种种问题，政府有关部门应该积极研究电子商务的特点，迅速制定有针对性的法律、法规和政策，以规范电子商务活

动，增加企业和广大消费者对电子商务的信任感。

电子商务物流是物流领域内的新一轮革命，电子商务在我国的蓬勃发展已明显受制于低效率的物流体系，低效的物流体系已成为电子商务企业发展的最大障碍，而 B2C 企业所受影响最大。B2C 企业只有不断注重学习和借鉴物流领域内的最新成果，结合企业的实际情况，才能在电子商务实施过程中摸索出适合本企业的物流模式，并在此基础上真正突破物流“瓶颈”，获得高速的可持续性的发展。

参考文献

[1] 臧旭恒，徐向艺，杨惠馨. 产业经济学 [M]. 北京：经济科学出版社，2005.

[2] 刘婵媛，卢金鹏. B2C 电子商务企业的物流模式研究 [J]. 物流技术，2005 (1).

[3] 谭芳芳，金晓青. 我国现阶段电子商务 B2C 类型物流配送模式的经济学分析：以 B2C 网上商城为例 [J]. 南方经济，2006 (1).

[4] 张鹏. 基于拓展 SCP 框架下的物流产业成长与对策研究[J]. 物流技术，2007 (1).

[5] 中国电子商务研究中心. 2010 中国电子商务 100 位 CEO 调查报告 [R/OL]. http：//b2b.toocle.com/.

[6] 中国电子商务研究中心. 2010 年度中国电子商务市场数据监测报告 [R/OL]. http：//b2b.toocle.com/.

[7] 中国电子商务研究中心. 中国电子商务行业物流系统建设需求研究报告 [R/OL]. http：//b2b.toocle.com/.

第十章　我国物联网产业的 MSCP 分析

于诗语①

物联网（Internet of Things）指的是将无处不在（Ubiquitous）的末端设备（Devices）和设施（Facilities），包括具备“内在智能”的传感器、移动终端、工业系统、楼控系统、家庭智能设施、视频监控系统和“外在使能”（Enabled），如贴上 RFID 的各种资产（Assets）、携带无线终端的个人与车辆等等“智能化物件或动物”或“智能尘埃”（Mote），通过各种无线和/或有线的长距离和/或短距离通讯网络实现互联互通（M2M）、应用大集成（Grand Integration）以及基于云计算的 SaaS 营运等模式，在内网（Intranet）、专网（Extranet）和/或互联网（Internet）环境下，采用适当的信息安全保障机制，提供安全可控乃至个性化的实时在线监测、定位追溯、报警联动、调度指挥、预案管理、远程控制、安全防范、远程维保、在线升级、统计报表、决策支持、领导桌面（集中展示的 Cockpit Dashboard）等管理和服务功能，实现对“万物”的“高效、节能、安全、环保”的“管、控、营”一体化。

我国早在 1999 年就提出了物联网这个概念，只不过当时不叫物联网，而叫做传感网，随后中国科学院于同年就启动了传感网的研究和开发。为了实现中华民族科学技术的崛起，物联网推进工作被逐步提上日程，为走进物联网经济时代做了充分准备。物联网在我国经过了十几年的探索与发展，与

① 于诗语（1988~），女，黑龙江人，北京工商大学硕士研究生。研究方向：产业经济—流通经济。邮箱：dingdangyu13@163.com。

其他国家相比，我国的物联网技术研发水平处于世界前列，具有与其他发达国家同样的发展优势和重大影响力。

一、驱动力（M）分析

主要从以下几个方面对我国物联网产业进行驱动力分析：法律法规、社会期望和自身成长。

（一）法律法规分析

我国的物联网产业政策有系统性、统一性、协调性和复杂性四个特点。以全面贯彻落实科学发展观为前提，以市场为导向，以转变经济发展方式和服务民生为根本，以提高自主创新能力和综合竞争力为核心，以示范应用为引导，紧密追踪国内外物联网产业前沿技术，立足现有基础，围绕 RFID、传感系统、嵌入式软件、系统集成等物联网核心技术，重点突破产业化以及市场应用推广等关键环节。以市场应用带动产业发展，建立有利于我国物联网产业发展的政策环境、服务体系和支撑平台，发挥制度优势和大国大市场优势，培育一批具有自主知识产权、创新能力强的骨干企业，建设国内重要的物联网产品生产及应用基地。构建政府推动、企业主导和产业链上下游紧密协作的格局。

我国从 2000 年起就颁布了各项政策促进信息化的发展，先后颁布了《电子签名法》和一系列法规，包括：《政府信息公开条例》、《2006~2020 年国家信息化发展战略》、《国民经济和社会信息化“十五”规划》、《关于我国电子政务建设指导意见》、《关于推进国家电子政务网络建设的意见》、《国家电子政务总体框架》、《关于加快我国电子商务发展的若干意见》、《电子商务“十一五”发展规划》、《商务部关于规范网络购物促销行为的通知》、《关于加快流通领域电子商务发展的意见》、《关于开展电子商务示范企业的通知》、《电子商务示范企业创建规范》、《网络商品交易及有关服务行为管理暂行办法》、《关于加强中央企业信息化工作的指导意见》、《关于强化服务，促进中小企业信息化的意见》、《农业农村信息化行动计划（2010–2012 年）》、《农村综合信息服务站建设和服务基本规范（试行）》、《关于加强信息安全保障工作的意见》、《国务院办公厅关于加强政府信息系统安全和保密管理工作的通知》、《国务院办公厅关于印发国家网络与信息安全事件应急预案的通知》、《国务院办公厅关于加强北京奥运期间网络信息安全工作的紧急通知》、《国务院办公厅关于印发政府信息系统安全检查办法的通知》；《关于加强信息资源开发利用的若干意见》、《国务院关于印发推进三网融合总体方案的通知》、《国务院办公厅关于印发三网融合试点方案的通知》、《鼓励软件产业和集成电路产业发展的若干政策》、《振兴软件产业行动纲要（2002~2005 年）》、《国务院关于印发电子信息产业调整和振兴规划的通知》、《关于促进服务外包产业发展问题的复函》、《关于技术先进型服务企业有关税收政策问题的通知》。

其实，物联网产业真正引起中国公众的关注，是从 2009 年 8 月开始的。2009 年 8 月 7 日，温家宝总理到中国科学院无锡高新微纳传感网工程技术研发中心进行考察，在得知国内传感网核心技术不是处于全球最领先水平后，表示："当计算机和互联网产业大规模发展时，我们因为没有掌握核心技术而走过一些弯路。在传感网发展中，要早一点谋划未来，早一点攻破核心技术。"温总理在对于我国物联网战略的发展上做出了明确的指示：一是把传感系统和 3G 中的 TD 技术结合起来；二是在国家重大科技专项中加快推进传感网发展；三是尽快建立中国的传感信息中心，或者叫"感知中国"中心。

2009 年 9 月 11 日，工业和信息化部传感器网络标准化工作小组的成立，标志着我国将加快制订符合我国发展需求的传感网技术标准，力争主导制定传感网国际标准。

2009 年 11 月 3 日，温家宝总理在人民大会堂向首都科技界发表了题为《让科技引领中国可持续发展》的讲话，指出科学技术的创新是推动经济结构调整、提高竞争力水平、引领国家经济增长的重要力量，再次强调科学选择新兴战略性产业的重要性，并指出要着力突破传感网、物联网关键技术。国务院、发改委、工信部、科技部等部门都将出台相关产业扶持政策，以加速促进中国物联网产业的发展。研究显示，"政策先行，技术主导，需求推动”将成为中国物联网产业发展的主要模式。

2010 年 3 月 5 日，物联网被正式列为国家五大新兴战略性产业之一，并写入《政府工作报告》。报告指出：“要大力发展新能源、新材料、节能环保、生物医药、信息网络和高端制造产业。积极推进新能源汽车，‘三网’融合取得实质性进展，加快物联网的研发应用，加大对战略性新兴产业的投入和政策支持。”

2010 年 6 月 8 日，中国物联网标准联合工作组在北京成立，以推进物联网技术的研究和标准的制订。工信部副部长奚国华指出，工信部正在制订一个关于在全国发展物联网的指导意见，目前正处于论证阶段，待时机成熟后将对外发布。

“十二五”规划已经明确提出，要大力发展宽带融合安全的下一代国家基础设施，推进物联网的应用。物联网将会在智能电网、智能交通、智能物流、智能家居、环境与安全检测、工业与自动化控制、医疗健康、精细农牧业、金融与服务业、国防军事这十大领域重点部署。智能电网在未来五年内进入全面建设阶段，此阶段投资约 2 万亿元。

2011 年“两会”，温家宝总理在《政府工作报告》中再次提到物联网时，着重强调了物联网的示范应用，他明确指出：加快培育发展战略性新兴产业。积极发展新一代信息技术产业，建设高性能宽带信息网，加快实现“三网融合”，促进物联网示范应用。由此看出国家领导人对物联网寄予的厚望，物联网必定会得到更多法律法规的支持。

（二）社会期望分析

由第三次信息化引发的“智慧”浪潮，正在打开人们对未来智能化生活和城市发展的广袤想象空间，物联网技术将会给人们生活带来不同的感受，它的发展和应用将深刻改变世界。

1. 社会各界对物联网发展的重视

物联网是实现经济增长的重要领域，我国政府高度重视这一领域的发展，并已经将其列入国家重点支持的新兴产业之一。在过去的几年时间里，学术界、产业界、地方政府和传媒对于物联网的关注和期望热度一浪高过一浪。

2009 年 11 月，无锡响应国家号召建立无锡传感网示范区，并命名为国家传感信息中心。在此之前，中国科学院、清华大学、北京邮电大学、东南大学等 20 多家科研院所都已在无锡设立机构。中国移动、中国联通、中国电信三大运营商也先后登录，与无锡市政府签约开展传感网应用技术研究合作。2009 年 12 月 1 日，无锡市出台了《加快建设创新型经济领军城市的决定》，规定到 2012 年无锡将完成传感网产业示范基地建设，年产业规模达到 1000 亿元；同时建成集引领中国传感网技术创新、标准制订和示范应用三大优势的中国传感网研究发展中心。除了无锡之外，北京、上海、广东等地区也纷纷建立物联网产业联盟，发展物联网技术。

以智能交通为例，无论中央政府还是各级地方政府一直以来都非常重视智能交通的建设。2008 年北京奥运会，北京的智能交通取得了突破性进展，为了保障在奥运会期间的道路畅通，北京引进很多高新技术来加强交通疏导、管理；2010 年上海世博会让上海的智能交通管理经受住了考验，证明上海的智能交通管理已经达到了一个新的高度，特别是在交通诱导系统、特种车辆管理，尤其是爆炸危险物品车辆的管理方面卓有成效。

随着中国城市化的不断推进和大中型城市越来越多、规模越来越大，智能交通问题已经是摆在公民、社会、政府、国家面前的一件大事。政府对此的态度从现在飞速发展的高铁以及近 20 个城市的地铁发展就能看出来。如果解决不好交通问题，百姓出行就会有麻烦，这将直接影响到政府部门的执政能力和威信。

对中国智能交通发展的理想模式，深圳市易行网交通科技有限公司关志超总经理认为，主导、中期指导、后期引导，形成整个智能交通产业链一体化的产业模式。我们已经进入物联网时代，这就需要我们能够更有效地整合，形成一个模式，推进一个战略。从物联网的定义和结构来理解，物联网是以感知为重点的网络服务模式。进入物联网的时代，思维模式会发生变革。之前我们多采取的是单系统服务，要得到什么数据就要从建立相关信息系统来实现相关的信息处理的单系统模式。而到了物联网时代，强大的计算模式，比如云计算，基于云计算可以为智能交通提供云服务、云管理，云群的体系。这就可以把大量的信息处理、计算工作转变成一种社会化服务。例如手机数据管理，我们只需要向云计算服务商支付一定的费用，把我们的要求和条件做一个界定，输入相关数据，就可以得到我们希望的信息分析结果。之前专业化职能化的分工转化为社会化、公共化、公益化，分工更清晰，职责更明确，这成为物联网时代的智能交通标志。

2. 消费者对物联网技术的期望分析

随着人们生活质量不断提高，以及知识的不断丰富，对物质的要求也越来越严格。任何一种消费品从生产到销售每个环节中的信息都是消费者所关心的，并且这些重要信息都有可能成为影响消费者购买的决定因素。因此，在这种需求背景下，更需要一种信息化的追踪网络对产品信息进行跟踪，这便促使了物联网的产生。物联网可利用各种传感器记录产品中有价值的信息，实现对产品的识别、定位、跟踪、监控和管理等。消费者可以通过物联网带来的产品信息，了解产品在生产链中的每一道程序，从而做出符合自己要求的决策。

无论是消费娱乐还是家居生活，人们都在不断期待能以更少的成本享受到更加便利的生活。这些需求不断推动了物联网产业的发展，这无疑使得物联网成了新一轮技术革命的代名词。

（三）自身成长需要分析

互联网发展至今，神秘面纱已逐步消失，它不再是人们生活中可有可无的奢侈品，而越来越成为必需品。互联网还将继续发展，随着科学技术水平的创新发展，互联网的价值还将进一步拓展和提升，互联网会在更广的范围、更加深远地影响着人类文明的进步。

物联网产业的核心是大力发展并整合四大已有技术：传感、网络、信息决策系统和执行应用体系，其影响是要将信息化技术推向一个新的高度。目前我国已形成基本齐全的物联网产业体系，部分领域已形成一定市场规模，但还存在一些问题有待解决。

1. 缺乏核心技术自主知识产权

在物联网技术发展产品化的过程中，我国一直缺乏一些关键技术的掌握，所以产品档次上不去，价格下不来。缺乏 RFID 等关键技术的独立自主产权，这是限制中国物联网发展的关键因素之一。

2. 行业技术标准缺失

目前行业技术主要缺乏以下两个方面标准：接口的标准化；数据模型的标准化。虽然我国早在 2005 年 11 月就成立了 RFID 产业联盟，同时次年又发布了《中国射频识别（RFID）技术政策白皮书》，指出应当集中开展 RFID 核心技术的研究开发，制定符合中国国情的技术标准。但是，现在我们可以发现，中国的 RFID 产业仍是一片混乱。技术强度固然在增强，但是技术标准却还如镜中之月。

3. 产业链发展不均衡

和美国相比，国内物联网产业链完善度上还存在较大差距。虽然目前国内三大运营商和中兴、华为这一类的系统设备商都已是世界级水平，但是其他环节相对欠缺。物联网的产业化必然需芯片商、传感设备商、系统解决方案厂商、移动运营商等上下游厂商的通力配合，所以要在我国发展物联网，在体制方面还有很多工作要做，如加强广电、电信、交通等行业主管部门的合作，共同推动信息化、智能化交通系统的建立。加快电信网、广电网、互联网的三网融合进程。产业链的合作需要兼顾各方的利益，物联网普及仍相当漫长。

4. 各行业间协作困难多

物联网应用领域十分广泛，许多行业应用具有很大的交叉性，但这些行业分属于不同的政府职能部门，要发展物联网这种以传感技术为基础的信息化应用，在产业化过程中必须加强各行业主管部门的协调与互动，以开放的心态展开通力合作，打破行业、地区、部门之间的壁垒，促进资源共享，加强体制优化改革，才能有效地保障物联网产业的顺利发展。

5. 盈利模式无经验供借鉴

物联网分为感知、网络、应用三个层次，在每一个层面上，都将有多种选择去开拓市场。这样，在未来生态环境的建设过程中，商业模式变得异常关键。对于任何一次信息产业的革命来说，出现一种新型而能成熟发展的商业盈利模式是必然的结果，可是这一点至今还没有在物联网的发展中体现出来，也没有任何产业可以在这一点上统一引领物联网的发展浪潮。

目前物联网发展直接带来的一些经济效益主要集中在与物联网有关的电子元器件领域，如射频识别装置、感应器等。而庞大的数据传输给网络运营商带来的机会以及对最下游的，如物流及零售等行业所产生的影响还需要时间的观察。

6. 用户使用成本壁垒存在

物联网产业是需要将物与物连接起来并且进行更好的控制管理。这一特点决定了其发展必将会随着经济发展和社会需求而催生出更多的应用。所以，在物联网传感技术推广的初期，功能单一，价位高是很难避免的问题。因为，电子标签贵，读写设备贵，所以很难形成大规模的应用。由于没有大规模的应用，电子标签和读写器的成本问题便始终没有达到人们的预期。成本高，就没有大规模的应用，而没有大规模的应用，成本高的问题就更难以解决。如何突破初期的用户在成本方面的壁垒成了打开这一市场的首要问题。所以在成本尚未降至能普及的前提下，物联网的发展将受到限制。

7. 安全问题是应用推广的关键问题

在物联网中，传感网的建设要求 RFID 标签预先被嵌入任何与人息息相关的物品中。可是人们在观念上似乎还不是很能接受自己周围的生活物品甚至包括自己时刻都处于一种被监控的状态，这直接导致嵌入标签势必会使个人的隐私权问题受到侵犯。因此，如何确保标签物的拥有者个人隐私不受侵犯便成为射频识别技术以至物联网推广的关键问题。而且如果一旦政府在这方面和国外的大型企业合作，如何确保企业商业信息，国家机密等不会泄露也至关重要。所以说在这一点上，物联网的发展不仅仅是一个技术问题，更可能涉及政治法律和国家安全。

总之，无论是外界的关注还是自身发展的需要，我国的物联网都要发展和进步。

二、市场结构（S）分析

物联网市场结构的分析，是以产业结构为对象，对物联网产业进行分析。具体涉及产业内部结构和产业区域结构两个方面内容。

（一）我国物联网产业内部结构分析

我国物联网产业内部结构的分析具体分为两个方面：组织结构和产品特征。

1. 组织结构

产业组织结构是指同一产业内企业的集中或分散程度，以及大、中、小企业之间的分工协作关系。产业组织结构是否合理，不仅影响企业之间的关系，还会在产业层面上影响产业的结构优化升级及产业安全，最终影响国家的宏观经济发展。

我国不同地区物联网产业集群建立的推动力不同。比如：北京和无锡的物联网产业集群推动力是国家；上海、武汉、广东的集群推动力是 RFID 产业技术；重庆、杭州、深圳的集群推动力是运营商。

2. 产品特征

物联网产品特征是产品自身构造所形成的特色，一般指产品的外形、结构、质量、功能、效益和包装等，它能反映产品对顾客的吸引力，是影响消费者消费的主要刺激物。

我国物联网发展较早，产品也已达到世界先进水平。目前，物联网产品已在我国公共安全、民航、交通、环境监测、智能电网、农业等行业得到初步的规模性应用，部分产品已打入国际市场。如智能交通中的磁敏传感节点已布设在美国旧金山的公路上；周界防入侵系统水平已处于国际领先地位；智能家居、智能医疗等面向个人用户的应用已初步展开。如今中国科学院与中国移动集团已率先开展紧密合作，围绕物联网与 3G 的 TD 蜂窝系统两网融合的路线，积极推动物物互联的新业务，寻求 3G 业务的全新突破。

（二）我国物联网产业区域结构分析

物联网产业区域结构的分析具体分为三个方面：机构类型、市场开放程度和社会文化发展（公众参与）。

1. 机构类型

2010 年 9 月 26 日，中国电子商会物联网技术产品应用专业委员会成立。作为我国首个全国性物联网产业社团组织，“物专委”于 2010 年 6 月经国家民政部初审，8 月通过工信部核准，最终于 9 月 26 日通过民政部审批正式成立。物专委是致力于推动中国物联网技术和产品应用水平及企业效益，由物联网相关技术及产品生产、销售、应用及提供服务的企事业单位及个人，在自愿参加的原则下，遵照委员会章程，共同组建的非政治性和非盈利性社团组织。

2. 市场开放程度

在开放的市场经济条件下，我国的物联网产业充分发挥了开放性，建设开放型平台，并充分促进国内国外两个市场联动。

近期，南京市江宁区与上海市嘉定区加入地区物联网示范区行列，加之无锡、苏州、徐州，目前仅苏沪地区就有多个物联网示范园区、基地，目前已经形成了“诸侯纷起、群雄逐鹿”的局面。再加上中国移动、中国电信以及中国联通等相继在多个场合率先响应物联网的发展规划，均提出物联网将会成为继互联网之后最重大的科技创新。一些知名家电企业也正在努力开发智能产品，海尔、小天鹅、LG、康佳等企业表态，物联网家电将成为它们未来一段时间产品开发的重要部分。

我国的物联网产业政策就是开放、合作，实现资源的共享。

3. 社会文化发展

2007 年北京公交车就开始采用公交一卡通，节省人力物力。2011 年 3 月 11 日，北京市首个智能小区左安门智能公寓项目试点改造完成，不仅实现“出差关灯、上班做饭”等职能操作，还可以让主人在上班时也可以通过摄像头随时监控室内情况，可见物联网在我国市场应用之迅速。

三、市场行为（C）分析

市场行为是指追求一定目标的企业社会活动。物联网企业的市场行为是指企业在市场上为实现利润最大化、更高的市场占有率或其他目标所采取的策略性行为。

物联网市场行为分析，是以企业行为结构为对象，对物联网产业进行分析。具体涉及纯经济投资、生产运营、环境治理与技术改造、其他社会责任行为四个方面。

（一）纯经济投资

物联网的纯经济投资是指物联网企业的投资主体为了通过物联网技术的开发应用获得经济效益而垫付的货币或其他资源。

根据三大运营商透露的未来投资情况看，中国移动将在 TD 三期建网上投资 588 亿元；而中国联通将在 WCDMA 上投资至少 1000 亿元；中国电信将在 CDMA2000 上至少投资 800 亿元。3G 对产业链也将产生重大作用，3G 发牌将带动每年增加 5000 万用户更换手机，以每部手机 1000 元计算，每年将会增加 5000 亿元的产值。

（二）生产运营

物联网产业从技术构架上来看，可分为三层：感知层、网络层、应用层。三层之间相互联系并形成一个产业链，每层中都存在着相关的物联网企业，并进行相关生产运营。

我国应用物联网技术的最终落脚点是提高生活质量和经济效益，即提供的智能服务为人们的生活带来便利，节约成本。

（三）环境治理与技术改造

我国物联网产业在实际应用上的开展，需要各行各业的积极参与，以及国家政府观念上的主导和相关政策法规的扶持。只有在全方位的支持下，才能保证物联网技术达到最大功效，最大化地为人们服务。

我国物联网的商业环境包括政治因素、经济因素、社会因素等，主要是市场环境和消费环境。

技术改造是指在坚持科学技术进步的前提下，把科学技术成果应用于企业生产的各个环节，用先进的技术改造落后的技术，用先进的工艺和设备代替落后的工艺和设备，实现企业的扩大再生产。

（四）其他社会责任行为

包括信息安全、生态环境等，这里不做详细阐述。

四、市场绩效（P）分析

我国物联网产业市场绩效的分析，是以市场绩效为对象，对物联网经济学进行分析。具体涉及经济效益、环境效益和社会效益三个方面。

（一）物联网的经济效益

物联网经济效益是指物联网技术在应用过程中投入与产出的比例关系，即以较少的资源、技术投入取得同量或较大的产出效果。投入包括组织应用中活劳动与物化劳动的消耗。产出包括企业的经济效益和社会效益。

2010 年中国物联网产业市场规模达到 2000 亿元，预计到 2015 年，中国物联网整体市场规模将达到 7500 亿元，年复合增长率超过 30%。物联网的市场前景将远远超过计算机、互联网、移动通信等市场，互联网将逐步成为物联网的配角。

（二）物联网的环境效益

物联网环境效益是指企业在经营以及产品的投放使用过程中，由于注重环境保护而在治理环境污染方面取得的成绩和效果。具有外部性、无形性、持续性等特点。

环境效益最大的体现在于物联网技术推动了低碳经济的发展，比如智能交通，运用智能管理技术指导汽车及时获取最佳行进路线，最大限度地减少路面行驶时间，从而减少了油耗和尾气的排放量。智能化的管理、控制的远程化等都做到了低碳环保。

（三）物联网的社会效益

物联网社会效益是指物联网技术在应用过程中给社会带来的影响程度，即物联网技术的投入所表现出的企业社会责任及社会反响效果。社会责任包括改善生活质量、创造就业机会、社会的进步、保护环境等。社会反响包括人们的认可和接受程度。

物联网的出现改善了生活质量，提供了更多的就业机会，改变了人们的生活方式。除此以外，物联网技术还促进了相关领域的科学技术的发展，从而推动整个社会的进步。

五、展望未来

依据“十二五”规划，国家将在未来 10 年投入 4 万亿元大力发展物联网，智能建筑、智能办公、智能家居、智能农业、智能流通、RFID 等 10 多个产业将是未来重点发展的领域。作为物联网产业中不可或缺的一部分，融楼宇自控、电视监控、防盗报警、综合布线等众多系统于一体的建筑智能化领域，同样迎来了自主创新和产业发展的大好机遇。

由第三次信息化引发的“智慧”浪潮，正在打开我们对未来智能化生活和城市发展的广袤空间，物联网技术的发展和应用将深刻改变世界。美国权威咨询机构 Forrester 认为，到 2020 年，全球物联网的规模将比互联网大 30 倍，成为名副其实的万亿级的产业。

完整的流通价值链包括原材料供应链商品分销渠道与企业内部供应链，这一链条的整合决定了流通的效率和物流现代化的进程。而物联网的实施会加速流通价值链的整合过程，物流企业通过对产品的识别和信息共享，有助于实现便利、快捷、低成本的物流配送。随着物联网技术解决方案在各领域的试点和应用推广，在诸如智能交通、环境保护、公共安全、平安家居、智能消防等多个方面，通过充分运用通信技术手段感测、分析、整合各项关键信息，有效地将各种应用集中于一个系统，物联网已经开始发挥着重要的作用，对包括民生、环保、公共安全、城市服务、工商业活动、农业活动在内的各种需求做出更智能化的响应。

物联网是城市发展通向智能化的桥梁，对促进城市管理信息化、自动化，有效解决城市发展中遇到的问题意义重大。物联网的发展推动了流通领域现代化的进程，提升了我国流通领域的技术装备水平，不仅实现了流通领域现代化的应用创新、技术创新和体制创新，也成为流通领域的下一个增长点。

参考文献

[1] 商务部关于加快我国流通领域现代物流发展的指导意见 [S]. 中华人民共和国商务部商业发展司，2008-03.

[2] 电信业投资刺激经济复苏 3G、物联网被看好 [EB/OL]. http：//news.xinhuanet.com/tech/2009-10/10/content_12204665_1.htm，2009-10-10.

[3] 杜渐. 国外物联网发展综述 [EB/OL]. http：//www.istis.sh.cn/list/list.aspx？ id=6398，2009-12-25.

[4] 物联网产业经济与政策 [EB/OL]. http：//wenku.baidu.com/view/54888afb770bf78a652954a8.html，2010-04-26.

［5］诸达咨询. 我国物联网产业现存七大问题分析［EB/OL］. http：//news.im2m.com.cn/158/15210611607.shtml，2010-07-28.

［6］物联网时代的智能交通呼唤大融合［EB/OL］. http：//www.chniot.cn/news/ZNJT/2011/216/112161320823_7.html，2011-02-13.

［7］李中民. 我国物联网发展现状及策略［J］. 计算机时代，2011（3）.

［8］贺斌. 全面支持我国物联网的发展——财政部企业司负责人就《物联网发展专项资金管理暂行办法》答记者问［EB/OL］. http：//www.cfen.cn/web/meyw/2011-04/19/content_744352.html，2011-04-19.

［9］洪涛. 物联网经济学［M］. 北京：中国铁道出版社，2011.

第十一章 黄金价格及其影响因素的联动分析

雷梦瑶[①]

绪 论

从 1976 年牙买加会议算起，黄金“非货币化”的推行已有 35 年。在此期间黄金价格经历了三个截然不同的阶段。首先是在 1980 年之前金价的飙升阶段至 1980 年年均金价达到 614.61 美元一盎司的历史顶峰，在这五年中黄金价格年均增长率高达 37.58%；在此之后黄金价格便进入了低迷的 20 年，在这一阶段中，金价缩水了 55.63%；随后就是 21 世纪开始的近 11 年的金价连续攀升期。

可见在非货币化后，黄金价格的波动相较于以前幅度更大；随时局和世界经济大势而变化的情况明显。可以说黄金显现了作为一种商品的属性。但“黄金并非天然是货币，货币天然是黄金”，毕竟黄金曾是人类最主要的货币，具有可作为货币的天性。牙买加会议取消了黄金官价，并允许各国中央银行可按市价自由进行黄金交易。但这制度层面上的黄金非货币化，并不会真正削弱黄金的金融属性。

---

① 雷梦瑶（1989~），女，北京人，北京工商大学经济学院贸易经济学 07 级学士。邮箱：alag51@163.net。

近 11 年黄金价格的大幅攀升引起很多投资者的关注，因此研究什么因素导致黄金价格变化便有了它的现实意义。通过研究黄金价格变化的影响因素，人们可以根据当前国际国内的形式，推断出黄金价格未来变化的走势，政府掌握时机购进或者抛售黄金，优化外汇储备结构；个人和企业做好黄金投资计划，充分利用黄金保值的避险功能。

业内有很多学者就这个问题进行了研究。张彬 2009 年提出："黄金历来是投资者躲避风吹草动的优良'避风港'。任何一次政治经济局势的动荡往往会促涨金价，而突发性的事件往往会让金价短期内大幅飙升。"复旦大学的华健和美国哥伦比亚大学的刘辰君 2010 年 12 月谈道："对于黄金的价格而言，黄金作为首饰的商品属性影响有限；最能影响价格走势的是黄金作为投资产品的金融属性。"两位学者还提出另外两个观点：①投资需求的变化在相当程度上推动了金价的走势，同时金价的变化又会反过来影响投资需求量，可以说投资需求和金价存在相对紧密的关联，有着相辅相成的作用。②虽然在黄金的供给和需求中官方售金和投资需求占的比重相对有限，但官方售金和投资需求从供给和需求两方面对黄金价格的推动却最显著。

影响黄金价格变化的因素繁多且复杂，很难将黄金价格的增长或下跌归于某一种因素的影响，所以黄金价格是多种因素共同影响的产物，我对影响黄金价格的因素大致做出四大分类。分析黄金价格变动的影响因素，对于政府、企业、个人都具有现实意义。

一、黄金价格概念

（一）黄金的概念

黄金是一种稀缺的自然资源，它的稀缺性决定了它的自然属性。作为一种自然金属，它可用于工业成产、黄金首饰，因此它具有商品属性；作为货币发展史中重要的一个环节，黄金具有货币属性；近些年，黄金作为一种投资品种耀眼于资本市场，黄金被赋予新的属性——金融属性。

1. 黄金的商品属性

（1）饰品和用具。黄金饰品一直是社会地位和财富的象征。随着人们收入的不断提高、财富的不断增加，保值和分散化投资意识的不断提高，也促进了这方面需求量的逐年增加。

传统黄金饰品消费大国为印度、沙特、阿联酋、中国、土耳其等。印度是全球黄金最大的消费国。印度 2010 年黄金实际需求量增加值 746 吨，增幅 69%，总的黄金量需求达 931.1 吨，同比增 66%。2010 年全球黄金饰品市场强力复苏，全年需求量为 2059.6 吨，较 2009 年上涨 17%。

（2）工业与高新技术产业。黄金具有其他金属无法替代的高稳定性、耐高温、耐腐蚀等特性；原子核具有较大捕获中子的有效截面；对红外线的反射能力接近 100%；在金的合金中具有各种触媒性质；还有良好的工艺性，极易加工成超薄金箔、微米金丝和金粉，很容易镀到其他金属、陶器及玻璃的表面上；在一定压力下金容易被熔焊和锻焊；可制成超导体与有机金等，使它广泛应用于工业和现代高新技术产业中，如电子、通讯、宇航、化工、医疗等领域。

2. 黄金的货币属性

黄金作为名贵金属的一种，曾被人类当做一般等价物流通，随后被人们赋予了其货币的基本属性。黄金在货币发展史（见图 11–1）中占据了举足轻重的地位。黄金作为货币的发展史分为四个阶段：19 世纪以前的皇权垄断时期、19 世纪初至 20 世纪 30 年代的金本位时期、20 世纪 40~70 年代初的布雷顿森林体系时期、20 世纪 70 年代至今的黄金非货币化时期。

3. 黄金的金融属性

（1）普通投资者。由于黄金储备与保值资产的特性，对黄金还存在投资需求。对于普通投资者，投资黄金主要是在通货膨胀情况下，达到保值的目的。此外，个人和企业还利用金价波动，入市赚取利润；另一方面，可在黄金与其他投资工具之间套利。目前，世界局部地区政治局势动荡，石油、美元价格走势不明，导致黄金价格波动比较剧烈，黄金现货及依附于黄金的衍

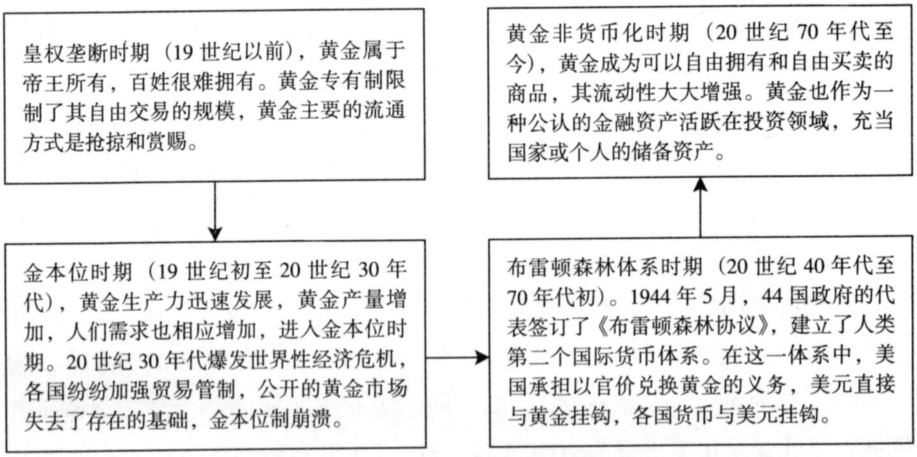

皇权垄断时期（19 世纪以前），黄金属于帝王所有，百姓很难拥有。黄金专有制限制了其自由交易的规模，黄金主要的流通方式是抢掠和赏赐。

↓

金本位时期（19 世纪初至 20 世纪 30 年代），黄金生产力迅速发展，黄金产量增加，人们需求也相应增加，进入金本位时期。20 世纪 30 年代爆发世界性经济危机，各国纷纷加强贸易管制，公开的黄金市场失去了存在的基础，金本位制崩溃。

→

布雷顿森林体系时期（20 世纪 40 年代至 70 年代初）。1944 年 5 月，44 国政府的代表签订了《布雷顿森林协议》，建立了人类第二个国际货币体系。在这一体系中，美国承担以官价兑换黄金的义务，美元直接与黄金挂钩，各国货币与美元挂钩。

↑

黄金非货币化时期（20 世纪 70 年代至今），黄金成为可以自由拥有和自由买卖的商品，其流动性大大增强。黄金也作为一种公认的金融资产活跃在投资领域，充当国家或个人的储备资产。

图 11-1 黄金作为货币的发展史

生品种众多，黄金的投资价值凸显，黄金的投资需求不断放大。

（2）国家资产储备。黄金储备是央行用于防范金融风险的重要手段之一，也是衡量一个国家金融健康的重要指标。2006 年到 2010 年，中国外汇储备从 10000 亿美元增长至 28473 亿美元，四年时间涨幅达 184%；而中国的黄金储备从 600 多吨增长至 960 吨 ，四年时间涨幅仅 60%；2010 年年底，中国黄金储备仅占中国外汇储备总额的 1.7%，远低于发达国家水平。到 2011 年 9 月，我国外汇储备已超过 3.2 万亿美元，从保值、增值和分散化投资的角度来看，中国将会调整外汇储备结构，实施多元化战备，在适合的时机，提高黄金的储备比例。

（二）黄金价格概念

黄金的价格是黄金价值的货币表现，在市场经济下，黄金价格受市场供求关系、国际政治形势、国际油价变化、美元指数、通货膨胀及国家汇率利率变化等因素影响而上下波动。黄金价格按重量计算，为每盎司黄金的美元价格。

二、影响黄金价格的主要因素

影响黄金价格的因素很多，可以划分为微观因素、宏观因素和其他因素。微观因素包括：供给因素、需求因素。供给因素：黄金存量、新的金矿开采成本、再生金、央行的黄金抛售；需求因素：饰金需求、工业需求、投资需求。宏观因素：经济增长、货币政策、通货膨胀和利率水平、汇率变化、金融危机、政治格局。其他因素包括：石油价格、油价和通货膨胀的联动、资本市场等。这些因素都共同影响着黄金价格的走势（见图 11-2）。

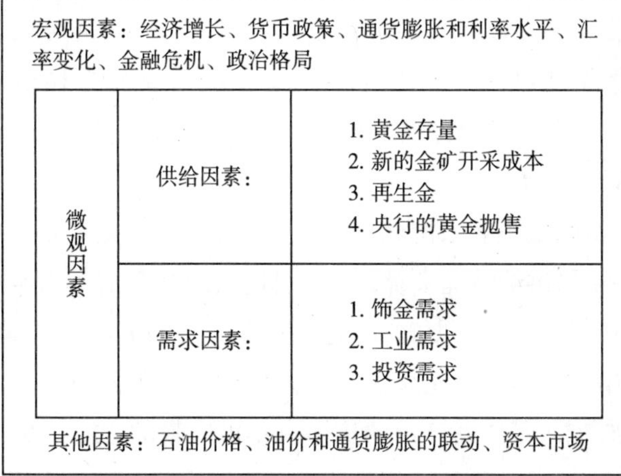

图 11-2　黄金价格影响因素分析路径

（一）供给因素

从经济学的角度来说，黄金价格是基于供求关系基础上的（见图 11-3）。在需求量不变的前提下，黄金供给量与黄金价格的高低呈反向变动，即若黄金供给量增加，使其供给曲线向右平移，从而导致均衡价格下降。反之，均衡价格则上涨。

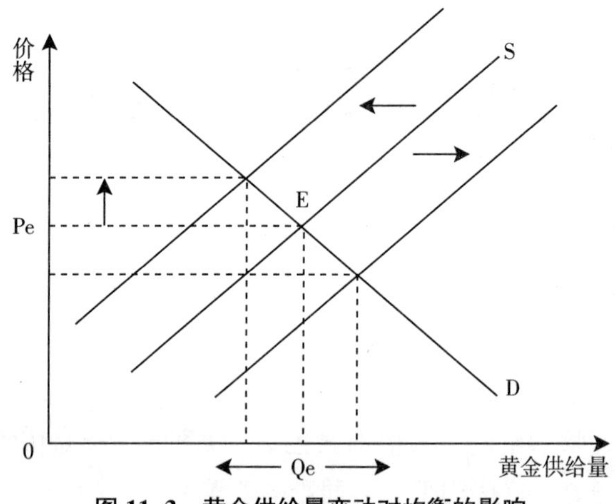

图 11-3　黄金供给量变动对均衡的影响

2010 年黄金供应总量为 4108 吨，比 2009 年的 4034 吨增长 2%。其中，矿山供应总量为 2543 吨，同比增长 9%；回收黄金规模 1653 吨，同比减少 1%；而政府部门售卖量约为-87 吨，即买入 87 吨黄金。

1. 黄金存量

黄金总供给的最主要来源就是矿产金，矿产金即金矿企业生产并出售的黄金。从这些年的供给情况来看，全球目前大约存有 16.6 万吨黄金，地上黄金的存量每年还在大约以 2%的速度增长。2010 年我国黄金产量达到 340.876 吨，增幅 8.57%，连续四年成为世界第一产金大国。黄金的年供求量大约为 4200 吨，每年新产出的黄金占年供应量的 62%。但从供给弹性的方向来看，矿产金的供给弹性相对较小。原因是黄金的生产周期比较长，黄金价格的变化对黄金供给量的影响比较缓慢，所以，矿产金的供给弹性比较小。这也就表明黄金价格的变化不会在短期内对矿产金的供给造成多大影响。同时，也表明矿产金的供给对黄金价格所起的作用相对来说比较稳定。

2. 新的金矿开采成本

由于全球政治和经济依然处于悬崖边上，市场对贵金属的需求又难以在短时间内有效减小，全球矿商将继续加大开采力度，以储备足够多的黄金应对需求，但随着开采难度的逐渐增加和开采成本的不断升高，金价很可能在未来继续走高。事实上，目前全球开采黄金的平均成本已经在 1000 美元/盎司之上，加上物流和各种渠道的费用，零售商面临的成本至少也在 1200 美元/盎司之上。若 2011 年 6 月后，以美联储为首的全球央行未实施有效的货币收紧措施，反而继续向复苏乏力的市场提供资金，那么这些低成本印刷而产生的大量货币，只能继续推高金价。

综上所述，需求无法有效减小，开采成本又不得不继续增加，金价在未来将持续运行在 1500 美元/盎司之上。同时，若全球银根无法收紧，那么金价将迎来新一轮单边快速上扬的行情。

3. 再生金

再生金是指回收之后经过提炼的黄金和民间流动的黄金，也就是黄金的还原重用，相比新产天然黄金的有限性和央行售金的政策性，再生金的供应更具有弹性。再生金是黄金总供给中的次级供给来源。

从多年的供给情况来看，每年再生金的供给量大约占世界黄金总供给量的 15%左右。与矿产金供给量相比，再生金供给量占世界总供给量的比重要小得多，但是再生金的供给弹性比较大。这也意味着，若黄金价格上涨，再生金的供给量则会突然增加，反之就会大幅度减少。究其原因，是再生金的供给容易在短期内形成，特别是民间藏金，很容易在市场上流通。这同时也表明再生金的供给在短时间内能够对黄金价格变化产生重要的影响。

比如，1997 年东南亚受到严重的金融危机影响，有些国家鼓励民间献金，结果造成了 1998 年世界再生金的供给量大幅度增加，从 1997 年的 629 吨迅速增加到 1998 年的 1098 吨。这就表明，再生金的供给量从正常年份约占世界黄金总供给量的 15%左右突然上升到 1998 年的 26.6%，推动了 1998 年世界黄金价格的大幅度下跌。

4. 央行的黄金抛售

中央银行是世界上黄金的最大持有者，1969 年官方黄金储备为 36458 吨，占当时全部地表黄金存量的 42.6%，而到了 1998 年官方黄金储备大约为 34000 吨，占已开采的全部黄金存量的 24.1%。按目前生产能力计算，这相当于 13 年的世界黄金矿产量。由于黄金的主要用途由重要储备资产逐渐转变为生产珠宝的金属原料，或者为改善本国国际收支，或为抑制国际金价，因此，30 年间中央银行的黄金储备无论在绝对数量上和相对数量上都有很大的下降，数量的下降主要是靠在黄金市场上抛售库存储备黄金。

（二）需求因素

在供给量不变的情况下，黄金需求量与黄金价格的高低呈正向变动，即若黄金需求量增加，使其需求曲线向右平移，从而导致均衡价格增加。反之，均衡价格下降（见图 11-4）。

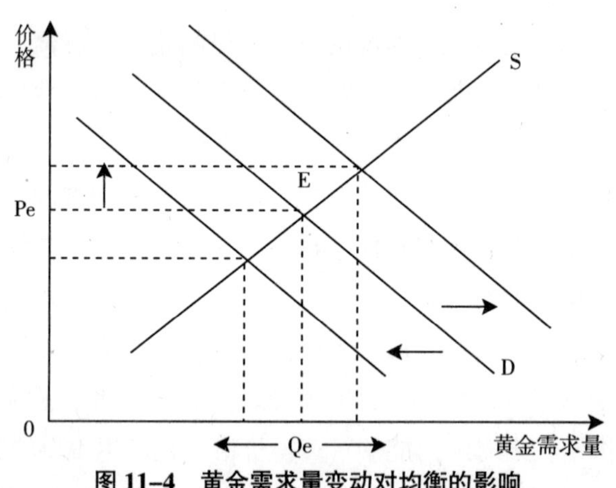

图 11-4　黄金需求量变动对均衡的影响

黄金的需求与黄金的用途有直接的关系。黄金需求主要分为饰品需求、工业需求、投资需求三类，近年这三种需求的快速增长是推动黄金价格攀升的主要原因（见图 11-5）。

据世界黄金协会网站的统计，2010 年黄金需求较 2009 年增长 38%，其中饰品需求增长 47%，工业需求增长 41%，投资需求增长 26%（见表 11-1）。2010 年我国饰品、工业、投资用金超过 510 吨。上海黄金交易所各类黄金产品共成交 6046.064 吨，同比增长 28.48%；成交额共 16143.262 亿元，同比增长 57.07%。

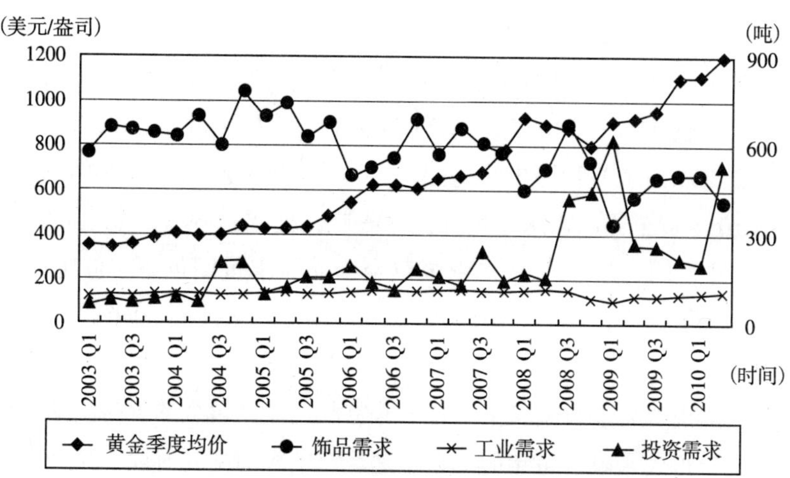

图 11–5　2003~2010 年饰品、工业、投资需求与金价

资料来源：世界黄金协会（World Gold Council）；英国黄金矿业服务有限公司（GFMS）；《中国黄金年鉴》（2008）。

表 11–1　2009~2010 年黄金饰品、工业、投资需求增长对比

		2009 年（亿元）	2010 年（亿元）	增长（%）
饰品		55029	81085	47
工业	电子	7702	11299	46
	牙医	1648	1961	19
	其他工业	2318	3258	40
	小结	11668	16519	41
投资	实物黄金	14290	28077	97
	官方货币	7153	8056	13
	奖牌/仿货币	1778	3040	68
	ETFs①/黄金衍生品	19291	13308	–29
	小结	42531	52482	26
总黄金需求		109210	150085	38

资料来源：世界黄金协会 Data on the demand for gold are compiled by GFMS Ltd。

① ETFs（Exchange–Trade Funds），又被称为部分封闭的开放式基金或者部分开放的封闭式基金。投资者可以用现金或股票组合购买 ETFs，也可以在二级市场上买卖。

1. 黄金饰品需求

2010 年黄金饰品市场强力复苏，全年需求为 2059.6 吨，较 2009 年的 1760.3 吨增长 17%；2010 年的黄金饰品平均价格上涨 26%，以价值计算，全年黄金饰品需求亦创历史最高纪录，达到 810 亿美元。具体到各个国家，印度 2010 年黄金饰品需求量增加到 746 吨，增幅达 69%，总的黄金需求量达 931.1 吨，同比增长 66%；中国黄金饰品需求量则创下 400 吨的历史新高，若以价值计算，中国 2010 年黄金饰品需求总量达到 1060 亿人民币，增幅达 41%。

黄金的现货需求 60%以上来自于珠宝制造业，黄金的价格波动受珠宝商的需求销售行为影响。每年的下半年是首饰销售的主要时段。从 9、10 月份开始，珠宝市场即迎来了销售旺季，首先是世界黄金第一消费大国——印度的排灯节，这个节日从 10 月开始，一直持续到 12 月的结婚高峰期。同时，中东地区的盛大节日——开斋节和宰牲节也将在 11~12 月来临。随后而来的是西方最主要的节日——圣诞节。最后则由 1~2 月中国春节为整个黄金销售旺季收尾。而全球的珠宝商们为满足消费需求，在旺季来临前 1~2 个月提前购入黄金并进行加工，因此珠宝制造业的需求旺季要较销售旺季提前 1~2 个月，即每年的 8 月至次年的 1 月。在这个时段，珠宝商集中购入黄金的行为将推高金价；而其余时段，则因为市场需求相对平淡，金价亦比较疲软。

选取 1975~2010 年度数据作为考察对象，分析其价格变动的季节性特点。为了更好地表示黄金价格的变化特点，选取了两个指标（见图 11-6）。

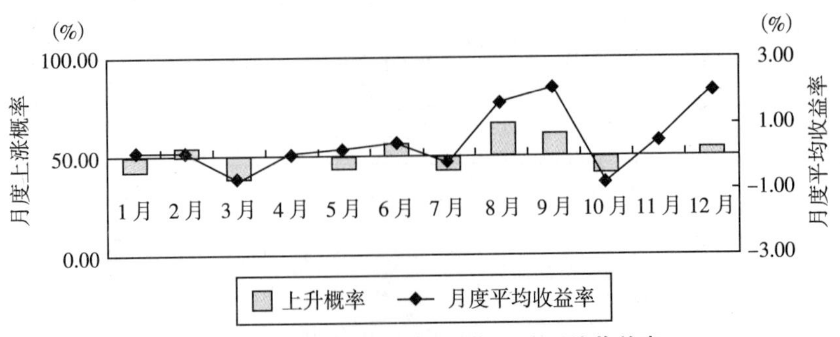

图 11-6 黄金月度上涨概率与月度平均收益率

资料来源：World Gold Council.

黄金月度收益率 =（本月底结算价-上月底结算价）/上月结算价

黄金月度上涨概率 = 收益率为正的次数/总年数

如图 11-5 所示，1975~2010 年间共 432 个月度数据进行统计，其中柱状图表示上涨次数与总的月数相除得到的各个月份的上涨概率，线图则是月度收益率的均值。通过对比分析可以看到如下规律：一是金价在一年中上涨概率超过 50%的有 5 个月，分别是 2、6、8、9、12 月，其中上涨概率最高的是 8 月份，达到 71%；上涨概率低于 50%约有 5 个月，分别是 1、3、5、7、10 月，上涨概率最低的是 3 月，只有 35%，另外 4 月和 11 月上涨概率恰为 50%。二是一年中有三个上涨高峰，即 8 月、9 月和 12 月，涨幅分别达到 2.19%、2.56%和 2.23%。在收益率达到一年中的最高点 9 月的 2.56%后，即迎来收益率迅速下降的一个月，即 10 月份的-1.06%，全年的另一个低点则出现在 3 月，只有-1.21%。

2. 工业需求

一般来说，世界经济的发展速度决定了黄金的总需求。作为五金之王，黄金是少有的化学、物理、电子性能优异的金属，应用领域非常广，在电子、通讯、航空航天、化工、医疗等部门及与人们日常生活相关的各类生活日用品当中也有广泛的应用空间。

现代电子行业飞速发展，对可靠性的要求越来越高，而黄金具有其他金属无法替代的高稳定性。同时，电子产品日益微型化，单位用金量会很小，对产品成本构不成威胁。因此越来越多的电子元件可以使用黄金作原材料。

黄金由于耐高温、耐腐蚀等特性，在航空航天领域也被大量应用，随着大量航空航天技术应用于民，黄金在这些方面的市场前景非常被看好。例如一种镀金玻璃，在航空航天中用于防紫外线，现在可应用于建筑，能起到很好的防太阳辐射和隔热作用。

黄金还可以用于日用品，如镀金钟表、皮带扣、打火机、钢笔等。钟表王国瑞士国度不大，但其饰品业每年用金量达 40 吨左右，其中 95%都用在制表业上。日本仅一家手表厂一年消耗金盐就达 1 吨，相当于消耗黄金 680 公斤。随着我国人民生活水平的提高，电镀用金前景也会十分广阔。

3. 投资需求

投资方面，包括金条和金币以及 ETF 和类似产品在内的投资需求量基本保持稳定，与 2009 年相比仅下降 2%。实物金条投资年内表现尤其强劲，年增长达到 56%。相反，ETF 及类似产品的需求量则未能保持上年的优越水平，较 2009 年的 617.1 吨峰值下降了 45%，但是 338 吨的 ETF 需求量在历年记录中仍高居第二。

黄金协会称，中国是投资需求增长最强劲的市场，其金条和金币年需求量总计 179.9 吨，同比增长 70%。而在 2010 年，中国和印度这两个最大黄金市场包揽了全球黄金金饰和投资总需求的 51%。中印两国是全球黄金需求增长的两个重要火车头。对于通胀的预期以及对投资风险的规避是新兴经济体投资者购买黄金保值的一个很重要原因。

（三）宏观经济因素

宏观经济因素在短中长期内都会影响黄金价格走势。短期的宏观经济指标的变动会直接影响即时金价变化和走势，全球范围内的宏观经济形势会在中长期的时间范围内决定黄金价格走势。

1. 经济增长

经济增长对于黄金价格的影响来自于区域范围内的币值变化、通货膨胀和居民的购买能力。一般而言，经济增长伴随居民的购买力增强和通胀加剧，会促使金价上升。经济增长的主要指标是国民生产总值（GDP）。

2. 货币政策

货币政策指央行运用各种工具调节货币供给和利率，以影响宏观经济的方针和措施的总和。货币政策分为紧缩性货币供给政策和扩张性货币供给政策，紧缩性政策目的是通过减少货币供应量达到紧缩经济的作用，扩张性政策相反。货币政策工具有存款准备金政策、再贴现政策和公开市场业务。一般情况下，当一个国家采取宽松的货币政策时，会造成金价上升。目前，由于美元是国际货币体系的基础，美联储的货币政策是影响金价的主要因素之一。

3. 通货膨胀和利率水平

通货膨胀或者通货紧缩都影响黄金价格。通货膨胀期间，商品价格指数攀升，人们更倾向于持有黄金来进行资产保值。黄金的金融属性尤其是保值避险功能得到充分发挥。

（1）资产保值让人们在通货膨胀期间更倾向于持有黄金。

一般来说，通货膨胀是指一般物价水平的持续上涨，通货膨胀的主要表现形式是商品价格指数的大幅上扬及实际利率的降低。通常用消费物价指数（CPI 指数）或者生产物价指数（PPI 指数），国民生产总值平减指数的变化来表示。一般来说，出于资产保值目的，在通货膨胀期间人们更倾向于持有黄金。从美国经验来看，黄金的价格预期 CPI 指数呈现明显的正相关关系。

（2）通货膨胀对金价的短期影响比长期影响大。

通货膨胀对于金价的影响，要从长期和短期两方面来分析，并要结合通货膨胀在短期内的程度而定。

从长期来看，每年的通胀率若是在正常范围内变化，那么其对金价的波动影响并不大；只有在短期内，物价大幅上升，引起人们恐慌，货币的单位购买力下降，金价才会明显上升。2000 年以来，世界各国通胀水平不断攀升，导致人们对于信用货币购买力的怀疑。而黄金是对付通货膨胀，进行资产保值的重要手段。因而，通货膨胀通常会引发黄金需求的不断增加。

（3）黄金的投资功能属性。

黄金可以用来储藏投资或称作“窖藏”，在人类古代历史中就早有之，其起源已不易追溯。在现代，人们在高通货膨胀时期，买进现货黄金保值也已成共识。自从有黄金期货的 33 年里，在高通货膨胀时期买进黄金期货是体现其投资功能属性的手段之一。商品期货价格综合指数是影响黄金价格的因素——这体现的是黄金的商品属性及投资功能属性。

4. 汇率变化

（1）美元汇率影响。

美元汇率在短中长期都是影响黄金价格波动的重要因素之一，是黄金投资中必须密切关注的经济指标。市场上有美元涨则黄金跌，美元跌则黄金涨的规律。美元汇率对黄金市场的影响主要有两个方面：

1）美元是国际黄金市场的标价货币，与金价呈现一定的负相关关系。

2）黄金是美元资产的替代投资工具，美元汇率下降往往与通货膨胀、股市低迷有关，黄金的保值功能得到体现，刺激投资、保值和投机需求的上升；美元汇率走强，美国国内股票和债权受到追捧，黄金作为价值储藏手段的功能受到削弱。

（2）人民币汇率。

人民币汇率制度的改革和人民币的升值趋势会对国内金价产生重要影响。汇率变动会直接影响以人民币标价的黄金的国内市场价格；同时，中国经济的增长，中国经济实力的上升，人民币对美元汇率的变动也牵动国际市场黄金价格。

当前人民币处于升值通道中，市场对于人民币在未来的升值普遍存在进一步的预期，这意味着以人民币标价的国内黄金价格相对于海外黄金价格将不断降低。

5. 金融危机

当觉察金融体系不稳定时，人们会大量增持黄金，以达资金避难的目的，黄金价格必定上涨。回顾近 30 年来历次经济减速时国际金价的表现，黄金作为资产配置中对冲投资风险的重要工具，其避险保值属性显露无遗。而在 2008 年世界经济遭受"百年不遇"的金融风暴冲击之时，黄金的表现更是在众多商品中脱颖而出。

国际金价在 1980 年第二次石油危机期间达到一次顶峰，现货最高至 850 美元/盎司，伦敦金价也达到前所未有的 614.75 美元/盎司。

1981~1982 年间美国政府大幅加息，市场货币供应趋紧，美元的上涨迫使金价和其他大宗商品价格走低。这次紧缩大约持续了 16 个月之久，直至 1982 年底才有所好转，同期伦敦金价从 459.1 美元/盎司降至 375.9 美元/盎司，而美国平均通胀率也从 10.38%直线掉落至 6.16%。

接下来的经济减速出现在 1990~1991 年之间，虽然这次减速是受正常经济周期影响，但仍对金价构成微弱利空，随着美国经济通胀率再次降至 4.22%，1991 年伦敦金年均价也下滑至 362.3 美元/盎司。而当时间进入 2001 年，随着互联网泡沫的破灭，国际金价也进入了黎明前最黑暗的时期，严重的通胀使得当年伦敦金价仅为 271.2 美元/盎司。

从 2001 年至今，世界经济经历着从紧缩向通胀的转变，美元的大幅贬值，美元指数从 2001 年最高 120 点以上一路下行至 2008 年的 70 点附近，商品市场对通胀的预期也在维持。而作为对通胀反映的另一方面，原油价格从 2001 年的最低每桶不到 20 美元持续拉升至上年最高 147 美元。随后，9~12 月国际原油价格呈现暴跌，最低曾至 37 美元，跌幅达 75%，而同期的金价下跌，但是跌幅有限，11~12 月甚至出现了与油价走势相悖的情况。信用风险是这轮金融危机中影响金价的关键因素，人们纷纷购买黄金寻求资产保值。

6. 政治格局

对政治危机的不稳定预期往往成为影响黄金价格的主导因素，故金价对政治动荡、战争和重大政治事件等因素分外敏感。黄金作为国际公认的交换媒介，当国家政治格局不稳定，人们会将手中的纸币换成黄金，这种抢购，造成黄金价格上涨。短期看，有时候地缘政治因素会主导黄金的市场价格。

2011 年 2 月初，中东地区群情激昂的抗议示威成为黄金上涨的催化剂，美元与黄金甚至走出同涨同跌的局面。股市是反映经济的晴雨表，当危机四起，股票失去了赚钱效应的时候，投资者要寻找资金避险的出路。黄金作为有效的对冲工具，除了通常具有的避险特质外，黄金在金融危机爆发以来就一直和美国利率保持着高度负相关。当经济有复苏迹象时，金价往往走低，因为经济转好会带动短期利率持续上升。

2011 年 3 月英、美、法等多国部队继续对利比亚首都进行空袭，原油价格飙涨，通胀压力不断增大，投资者持续买入黄金对冲风险，促使金价站上 1500 美元上方。

中东及北非的动乱、日本强震破坏、美联储持续采取宽松的货币政策，加上通货膨胀压力，造成目前与其说有何理由投资黄金，不如说有何理由不投资黄金。

2010 年 2 月 23 日油价原先涨幅微弱，但随着油价劲扬，涨势跟着一步步扩大。中东及北非情势仍令人担忧，刺激油价一度冲上每桶 106 美元价位。全球通胀压力进一步显现，黄金自然成为投资者的最好投资品种。

（四）其他因素

1. *石油价格*

石油与黄金价格之间的联动关系是黄金价格走势的主线。石油价格和黄金价格受影响的因素相似，导致两者正相关。产生这一联动关系的原因主要有几个方面：

（1）由于黄金和石油同样属于大宗商品，另外，两者最为重要的共同点在于能够抵御通货膨胀的能力。我们知道石油一般被称为黑色黄金，这样一种资源与黄金一样将会随着通货膨胀的上扬而不断上涨，因此是抵御物价高企的优良投资者品种。从长期来看石油与黄金价格之间保持非常好的联动关系（见图 11-7）,黄金与石油价格之间的趋势往往是一致的，只是偶然出现一定的偏离，但随后必然将会出现回归。

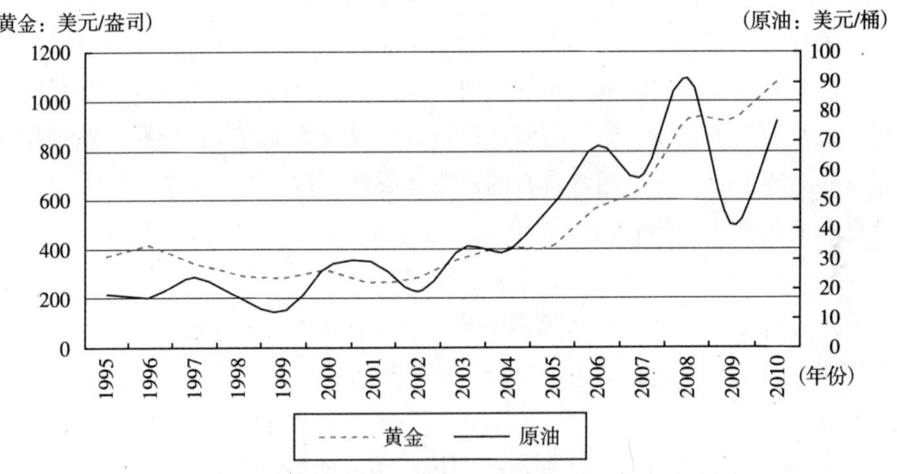

图 11-7　1995~2010 年黄金与原油价格走势对比

资料来源：外汇通网站 2010 年。

（2）地缘政治导致的石油与黄金价格短期内同向大幅上涨。这种情况是基于市场对于石油出产地地区如海湾地区以及目前整个政治动荡形势如火如荼的北非及阿拉伯地区的担忧，导致投资者开始大量买入石油资产，开始推动石油价格大幅上扬，而黄金则是因避险需求和石油短期大幅上扬。因此影响黄金与石油同向上涨的理由除了长期通货膨胀的影响就是避险需求的影响。从历史上来看，黄金与石油价格的历史走势也同样如此，20 世纪 80 年代石油一度达到了它历史的相对高位，与此同时（见图 11-8），黄金也同样在 20 世纪 80 年代达到了其历史的高位，这证明黄金与石油价格的同向走势是具有一定内在逻辑关系的，这种逻辑关系在长期将维持黄金与石油价格之间的同向联动关系。

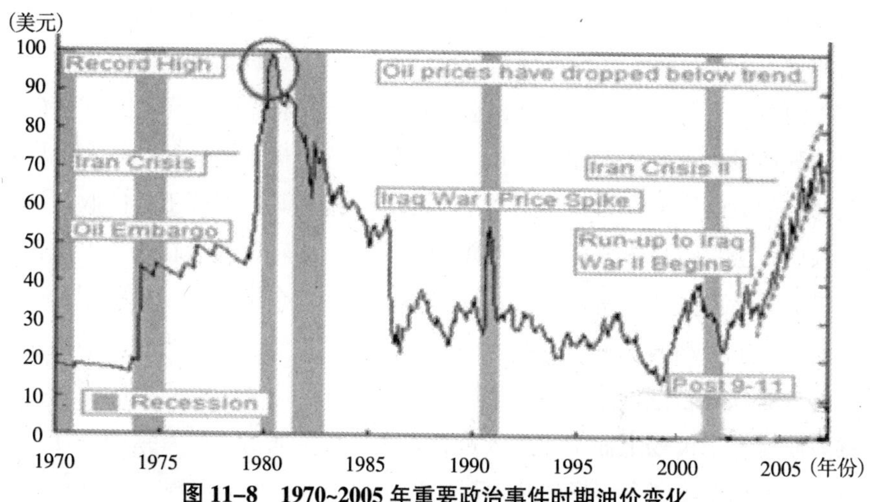

图 11-8　1970~2005 年重要政治事件时期油价变化

资料来源：外汇通网站 2010 年。

2. 石油价格对通货膨胀联动影响金价

一般情况下，能源市场价格的小幅波动对黄金市场的影响不大，但是当石油价格发生较大波动的情况下，将会对黄金生产企业各国的通货膨胀产生较大影响，因而影响黄金市场的价格趋势。

当国际市场上的石油价格不断上涨时，其国际市场上的金价也会持续上升。其原因是当产油国的石油收入增加时，黄金生产企业成本上升，流通渠道费用增加，这些都直接影响黄金销售价格，同时受传统癖好的影响他们会相应增加国家储备中的黄金储备资产，从而影响黄金的市场需求。不过通过油价走势来预测金价走势时仍要结合其他因素才能比较准确。

一般地说，石油涨，黄金涨，石油跌，黄金跌，但是市场反应有时间差，黄金价格的变化状况要结合整体的涨幅和相关政治、经济面的相互关系来做分析判断。

3. 资本市场变化影响黄金价格

股市、汇市及其他投资市场对黄金价格也会产生影响。一般来说，当股市下挫时，金价就会上升。其原因主要是由于股市下挫时，除了投机性的因素外，其变动程度则反映了人们对整个社会经济前景的预期。如果人们对社会经济前景普遍看好，投资或投机资金就会流入股市，对黄金投资的兴趣则会相对下降，需求减少，金价则下降。反之，则会使投资资金流入黄金市场，人们对投资黄金的兴趣提高，造成黄金投资需求增加，黄金价格上涨。

与其他投资工具相比，投资黄金既不能生息，也不会分红。黄金投资者的全部希望只能寄托在黄金价格的上涨上，因此当其他投资工具的收益增加时，人们就会将黄金投资收益率与短期利率进行比较，然后在市场上抛售黄金，将资金转向其他投资工具。这主要是由于在资金市场上，投资工具一般不会受资本值变动的影响，它们实际上是无风险投资形式（当然其前提条件是债务人必须有偿还能力），当资金市场的利率上升时，人们更愿意把投资注意力放在资金市场上而不愿进入黄金市场，投资人的这种举措会迫使黄金价格下跌。相反当资金市场的利率下降时，黄金价格就会出现上升趋势。

三、应对黄金价格浮动的对策

（一）政府合理配置外汇储备

国家拥有外汇储备的目的是为了防止国际收支逆差和对外清偿手段的不足而做的准备。具体来说，就是为了满足进口的需求以及货币性对外负债清偿的需求，对非国际货币国家来说，还有稳定汇率的需求。但是，持有外汇储备存在着机会成本，也存在着一定的风险。机会成本是指因持有储备而损失的经济发展和现时消费，风险是指外汇储备遭受的贬值和本金的损失。

目前发达国家黄金在储备中的比重大多高于30%，而目前我国外汇储备中黄金的比重远远没有达到这一比例，黄金只占外汇储备的1.5%，应大大增加黄金的占比。进入21世纪以来，黄金价格持续迅速上涨，从1盎司黄金的200多美元上涨冲破1570美元。但是，近6年来，我国在外汇储备迅速增加的同时，除了2009年4月增加至1054.1吨黄金储备之外，再也没有增持过黄金。虽然中国2010年12月黄金储备已达1054吨，较2006年的600吨增加了近75%，但是比之截至2010年12月28473亿美元的外汇储备，1054吨黄金显然是太少了，难以起到对冲国家官方储备风险的作用。

中国需要增加黄金官方储备应基于以下几点考虑：

1. 人民币的国际化

人民币国际化的问题随着中国经济的增长、国力的增强在最近越来越多地被人们谈及，国家也提出要推动人民币的国际化。而人民币想发展成为区域乃至国际货币，一方面要在贸易、投资以及国家经济实力方面增强，另一方面一定量的黄金储备也是非常重要的。

因为黄金储备可以稳定一国的币值，而币值的稳定是考察货币能否国际化的关键因素之一。2008年金融危机，美国在金融危机最盛之时都丝毫没有动用其高达8600吨的黄金储备，其很重要的一个原因就是，美国希望通过保持巨额的黄金储备来维护美元的信誉，美元的汇率，使投资者有信心持有美元，当然美国也可以凭借投资者的信心顺利发债，通过积极的财政政策刺激美国经济。

2. 示范效应

目前我国黄金交易规模偏小，还有很大发展空间，参与人数、资产规模都会进一步扩大。在国家增持黄金储备的同时，其示范效应无疑会进一步激发民间对黄金的投资。随着老百姓储备黄金，国内企业储备黄金，国内的黄金市场建立起稳固的实物基础，市场和流动性不断完善和增强，这样黄金储备在整个经济中的作用将更加充分地显现出来。特别是居民个人投资与储藏的黄金，将会成为国家应对国际政治与经济风险的一个重要后备力量。1997年亚洲金融危机时的韩国正是靠着国民200多万人捐出总额高达10亿美元的黄金，使国家渡过了危难并最终率先走出了亚洲金融危机。

3. 综合国力的必备要素

从近代历史看，一个国家的崛起和衰弱的背后必然伴随着黄金储备的增加与减少，从西班牙到英国，从英国到美国，随着黄金资产的流动和配置，国力的兴衰也完成了一次次的转换。美国在二次大战后，政治经济影响力达到历史高峰，当时美国的黄金储备达到两万吨，占全球央行黄金储备的70%，之后随着美苏冷战及越战等一系列事件后美国的国力逐步衰弱，黄金储备也骤降到 1972 年的 8600 吨左右，在此后的 30 多年里美国的黄金储备只有 5%左右的减少，超级大国的地位也保持至今，虽然其影响力不能和二战之后相比。

但是反观苏联，随着黄金资产的耗尽，在 20 世纪 90 年代初分崩离析，至今俄罗斯也远未恢复元气（官方储备黄金只有约 532 吨）。因此黄金对于一个国家而言，已经超越了一般的资产，代表一种更基本、更具终极意义的信用保障，是一个国家综合国力的必备要素。

综上所述，笔者认为中国也应该寻找黄金价格低位，抓住时机购入 IMF 出售的黄金，而且在未来需要通过各种途径增加中国的黄金储备，因为黄金储备已不单单是一种储备资产，它的背后包含着更加丰富的战略意义。

（二）个人理性投资黄金

黄金市场的迅速升温让许多投资者都跃跃欲试，但大多数普通投资者对投资黄金并不十分了解。通过对黄金价格影响因素的分析，可以帮助投资者更好地挑选投资品种以及投资时机（见表 11-2）。

1. 个人投资如何选择黄金投资产品

消费者可以根据自己的资金量、用途，投资时间选择适合自己的投资产品。比如，资金量比较大，并且投资目的明确的消费者，可以选择金条、金块为投资理财产品，资金量灵活；有可能需要资金快速变现的投资者可以选择纸黄金或者投资型金币。

表 11-2　我国市场上的黄金投资产品主要有五大类

种类	优点	缺点
金条金块	易变现，流通性好	重量固定，占用资金量大；附加保管费用
纸黄金	交易风险低；无实物储存费用；投资门槛低	无法提货；手续费较高
黄金饰品	属有投资价值的可使用商品	设计和加工费较高，获利空间小
投资型金币	重量不统一，投资灵活度大；易变现	保管难度大，易变形
纪念金币	附加纪念价值	回收渠道少；收藏价值高于投资价值

2. 如何选择入市时机

研究黄金价格的影响因素对消费者选择最佳的入市时机至关重要。黄金价格主要影响因素：黄金市场供求关系，国际政治形势，国际油价变化，美元指数、通货膨胀及国家汇率利率变化等。其中，供求关系是影响国际市场黄金价格变化的基本因素。根据世界黄金协会的统计，2009 年全球黄金需求量比 2010 年大幅上涨了 37.4%，但全球矿产金产量却仅仅增加了 2%。最近五年，世界黄金供给一直存在不小的缺口，持续的供不应求，直接促使金价进入新一轮上涨周期。

世界经济的复苏和增长，导致原油等资源类商品价格大幅攀升，加速了近两年黄金价值的恢复。与此同时，由于国际外汇市场频繁变动，美元持续走软，使得各国央行纷纷提高黄金储备量，以规避通货膨胀风险，这也在很大程度上推动了黄金价格走高。国际金价在 1980 年曾经达到过每盎司 873 美元的历史最高点，但随后 20 年持续下跌，2001 年已经跌到了每盎司 260 美元，不过从 2001~2010 年金价可谓是涨势如虹，目前已超过每盎司 1500 美金，累计涨幅 470%。

黄金市场每年都有一个相对稳定的价格走势规律，一般春节前会有一波上涨的走势，因为我国是全球第四大黄金消费国，而春节期间是黄金消费高峰，春节一过金价就会有所回落，不过四五月份又会涨起来。因为四五月份是印度的结婚高峰，印度人喜欢又大又重的金首饰，而印度也是全球黄金消费的重要市场，所以金价在这个时候会再次上涨。四五月份以后，国际金价一般会再度回落，并进入一个相对平稳的阶段，直到圣诞节前期，才会再次上涨，直到来年的春节。投资者需要更多地了解市场信息，理性选择产品和入市时机。

(三) 企业合理购进黄金

企业处于投资目的购进黄金和个人投资者的情况相似，观察市场情况和外部环境的变化状况，寻找合适的入市和出市时机，达到资产增值的目的。

对于一些消费黄金的企业，研究黄金价格的意义在于，寻找黄金价格较低的时机，增加黄金库存，这样可以减少消耗黄金所造成的成本；对于销售黄金及黄金制品的企业，及时得到影响黄金价格的信息尤为重要，这可以帮助企业契合消费者需求，增加或者减少黄金的购入量。

结　论

影响黄金价格的因素当然还有很多，各国国际贸易和财政赤字、股市行情等都会对金价产生不可估量的影响。从目前的世界经济情况来看，上市公司的利润增长快速，但是股市却不见起色，金融企业摆脱危机困境的同时，各国财政却亮起了红灯。这表明发达国家的经济对策依然没有摆脱注重全球市场竞争，忽视经济发展均衡；注重大金融、大产业资本利益，忽视经济与社会基本均衡的倾向。由此，仅仅依赖新兴市场国家的努力，世界经济恐怕很难摆脱颠簸震动的失衡状态。作为第一世界经济强国，显然也存在这种现象，美国“双赤字”没有得到明显的改善，失业率在 10%左右，没有有力证据表明美国经济已经好转，前景仍然有待观望，美元仍处在长期贬值的走势之中。综上所述，黄金价格在 2011 年里经过调整后将会进一步上扬。

参考文献

[1] 邱红，李肖钰. 影响黄金价格的因素分析 [J]. 东方企业文化·公司与产业，2010 (2).

[2] 周华林. 黄金价格影响因素的实证分析 [J]. 重庆交通大学学报（社科版），2008

(12).

[3] 华健，刘辰君. 从供需角度看黄金价格的变化 [J]. 金融与经济，2010 (12).

[4] 张彬. 基于商品属性和金融属性的黄金价格影响因素浅析 [J]. 华北金融，2009 (10).

[5] 张卯. 黄金投资成功抵御通货膨胀 [J]. 现代会计，2009 (2).

[6] 魏雅华. 2011 年：世界黄金价格走势前瞻 [J]. 新观察，2011.

[7] 谭雅玲. 黄金价格趋势与投资策略 [J]. 专题，2011.

[8] 叶莉，周砚青. 中国黄金市场价格影响因素的实证研究 [J]. 河北工业大学学报（社科版），2010 (4).

[9] 杨叶. 黄金价格和石油价格的联动分析 [J]. 黄金，2007 (2).

[10] 谢立彦，周碧莲，陈岑. 从黄金价格看通货膨胀 [J]. 金融财税，2008 (1).

[11] 付丹，梅雪，张辉. 黄金价格与通货膨胀相关性的实证分析 [J]. 黄金，2009 (1).

[12] 张挥. 国际黄金市场发展状况及其趋势分析 [J]. 上海金融学院学报，2007 (6).

[13] 周洁卿. 黄金和黄金市场 [M]. 上海：学林出版社，2008.

[14] 方超逸. 国际黄金价格走势分析与预测方法 [J]. 黄金，2009 (11).

[15] 李追阳，恭薛峰. 多角度看黄金价格走势 [J]. 银行家，2009 (11).

[16] 刘明，李娜. 黄金价格与经济活动——兼论中央银行应增持黄金储备 [J]. 山西财经大学学报，2009 (6).

[17] Forrest Capie，Terence C Mills，Geoffrey Wood. Gold as a hedge against the US dollar [R]. World Gold Council report，2004.

[18] Eric J Levin，Robert E Wright. Short-run and long-run determinants of the price of gold [R]. World Gold Council report，2006.

第十二章　“我买网”电子商务盈利模式分析

靳　晨[①]

绪　论

目前，我国对盈利模式的概念进行明确界定的论文与专著较少。其中有代表性的有西南交通大学的叶乃沂，他认为电子商务环境下的盈利模式是企业在价值链系统一定位置上为目标市场提供价值和盈利的方式，由电子化市场环境、客户关系、产品创新、财务要素、企业资源和业务流程六个要素组成，这些要素之间相互联系和依赖，共同确定了盈利模式的构成和特点。福建师范大学郑淑蓉提出，盈利模式指的是商务网站如何能够用相对较少的费用达到较多收入的特定的运营方式，但没有给出进一步的阐述。厦门大学易英认为，盈利模式是公司做业务的方法，通过它公司创造收入维持生存，通过明确公司在价值链上的位置而阐明公司如何赚钱。北京工商大学洪涛教授认为电子商务盈利模式是由一个核心体系与五个基本点组成的“1+5”盈利模式，一个核心即为需求价值创造电子商务结构体系，五个基本点分别为：利润对象、利润点、利润源、利润杠杆与利润屏障。

① 靳晨（1989~），女，北京人，北京工商大学经济学院贸易经济学 07 级学士。邮箱：depp25@126.com。

近几年来还有定期发布的中国电子商务盈利模式研究报告，对当前一段时期的电子商务盈利模式做出具体、深入的调查、分析与研究。

综上所述，电子商务的发展经过了引入期、成长期，即将进入发展时期，已经到了需要完备理论指导的时候，而尤其对盈利模式的研究迫在眉睫。

一、我国网上购物发展概况

（一）B2C 类网上交易的分类

根据实物交易的客体可以将 B2C 类网上交易的经营模式划分为四大类：①网络企业建网站直接销售产品模式，即 B2C 模式。此类网站有当当网、卓越亚马逊网。②网络企业建网站提供交易平台模式，即 C2C 模式，例如淘宝网。③制造商建网站销售模式，如海尔商城。④传统零售商建网站销售模式，此类网站有苏宁易购等。

其中还有两种较为特殊的 B2C 模式：

B2F（Business To Family）模式，B2F 是电子商务按交易对象分类中的一种，是结合网络现有的电子商务模式 B2B、B2C、C2C 的诸多优点，并根据地方特色，综合考虑的一种电子商务升级模式。

C2B（Customer to Business）模式，C2B 模式的核心，是通过聚合分散分布但数量庞大的用户形成一个强大的采购集团，以此来改变 B2C 模式中用户一对一出价的弱势地位，使之享受到以大批发商的价格买单件商品的利益。

以上的 B2C 电子商务模式中，B2C、B2B2C、B2F、C2B 都是网购，这四种电子商务模式的共同点是消费者直接参加交易活动。

（二）网上交易发展概况

2008 年，我国网上购物用户为 8000 万人，到 2010 年达到 1.61 亿人，增长率在 40%以上，占网民比例的 20%以上。2010 年中国网络购物市场交易规模达 5131 亿元，占社会消费品零售总额的 3.32%。同时网络购物用户规模达到 1.61 亿，预计 2014 年中国网络购物市场用户规模将保持稳步递增态势，达到 3.48 亿人，占整体网民的 20.4%，增长率达 429%（见图 12-1）。

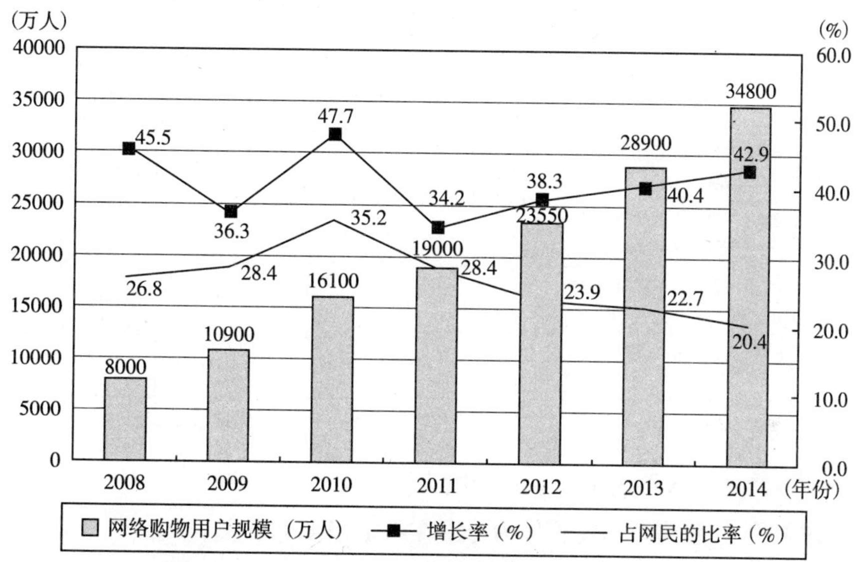

图 12-1 2008~2014 年中国网络购物市场用户规模

资料来源：中国连锁协会。

随着市场的不断规范，B2C 将迎来更快的发展，也将面临更激烈的竞争。据统计，现阶段 C2C 购物市场仍然是网络购物市场增长的主要动力。随着 B2C 购物市场份额逐步上升，B2C 电子商务规模所占比已由 2007 年的 7.7%上升至 2011 年的 31%（见图 12-2）。

（三）网上交易发展阶段分析

从产品的生命周期而言，网上交易分为引入期、成长期、成熟期、衰退期四个阶段（见图 12-3）。从 1998 年的 8848 网站、阿里巴巴网站的出现，到 2000 年左右，是网上交易的“引入期”。2001 年由于互联网泡沫的影响，

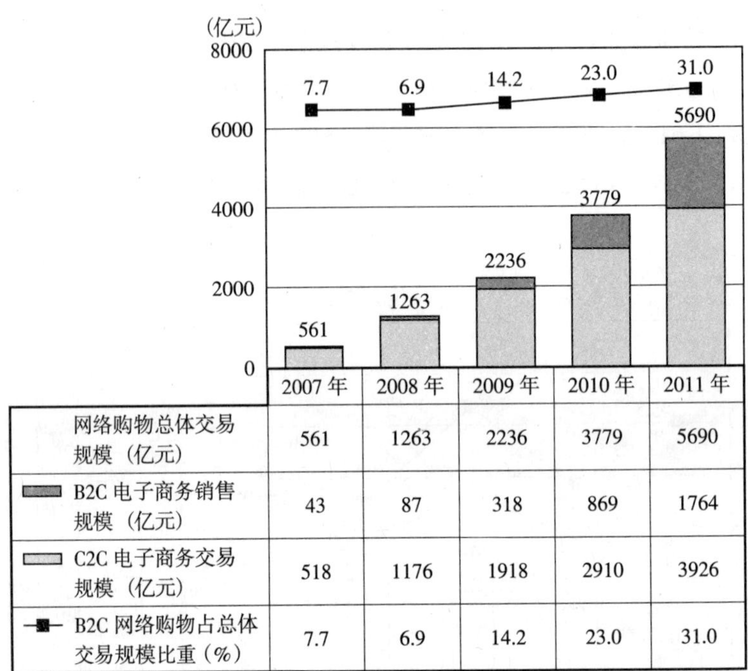

	2007 年	2008 年	2009 年	2010 年	2011 年
网络购物总体交易规模（亿元）	561	1263	2236	3779	5690
B2C 电子商务销售规模（亿元）	43	87	318	869	1764
C2C 电子商务交易规模（亿元）	518	1176	1918	2910	3926
B2C 网络购物占总体交易规模比重（%）	7.7	6.9	14.2	23.0	31.0

图 12-2　2007~2011 年中国网络购物市场交易规模构成及 B2C 占比

电子商务网站很多倒闭了，这一阶段为网上交易的“中断期”。

2003 年“非典”爆发，作为外因在一定程度上增强了人们对于网上交易的接受程度，加快了人们推动网上交易的进程，消费者作为主因推动了网购市场的发展，中国电子商务市场开始复苏。2003 年是网上交易的一个转折年。从 2003~2010 年，这一阶段是网上交易的成长期。

2003 年，网上交易规模达到 18 亿人民币，淘宝网于此时建立并推出支付宝，Ebay 控股易趣。2004 年 8 月亚马逊全资收购卓越网，促进了中国电子商务的成长。2005 年，阿里集团收购雅虎，垂直类电子商务网上交易开始得到发展。2007 年，网上交易市场规模达 561 亿人民币，同比增长 84.1%，网上交易市场得到迅猛发展。2008 年，很多新的模式产生，很多与网上交易相关的资本运作也在不断地出现，大批垂直类的网站不断涌现，网上交易市场开始由 C2C 向 B2C 扩展（见图 12-3）。

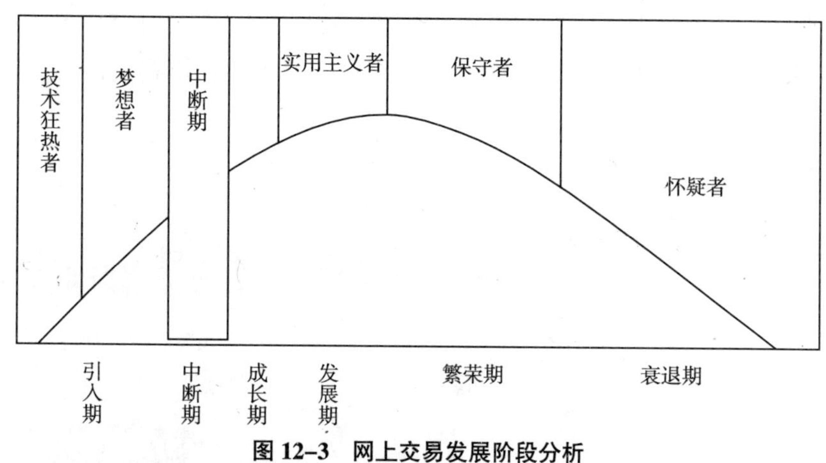

图 12-3 网上交易发展阶段分析

目前，网上交易市场正由成长期向成熟期过渡，网上交易的各个领域也在成长中逐渐得到完善。

通过上述分析可知，2003 年与 2008 年都是网上交易发展的转折年。2003 年，互联网泡沫使得大批电子商务网上交易企业倒闭；而 2008 年网上交易规模得到大幅度增长，在网上交易发展的同时，也有许多企业在市场重组、结构变革中走向倒闭。中粮"我买网"正是于此时成立的，因此研究其盈利模式具有很大的现实意义。

二、中粮"我买网"盈利模式分析

（一）中粮"我买网"及其分析

中粮"我买网"（www.womai.com）是一个双品牌网（见图 12-4），即有中粮集团和"我买网"两个品牌，一个是网下知名品牌，一个是网上新兴品牌。它是由世界 500 强企业中粮集团有限公司于 2008 年投资创办的食品类 B2C 电子商务网站。中粮"我买网"创办时，网上交易正值由成长期向成熟期转变的重要时期，而我国目前还未有人对某一具体 B2C 电子商务网站的盈利模式进行学术性的深入研究，因此，笔者希望利用“1+5”盈利模式对中粮“我买网”做出具体分析，从而为电子商务盈利模式提供一定的理论基础。

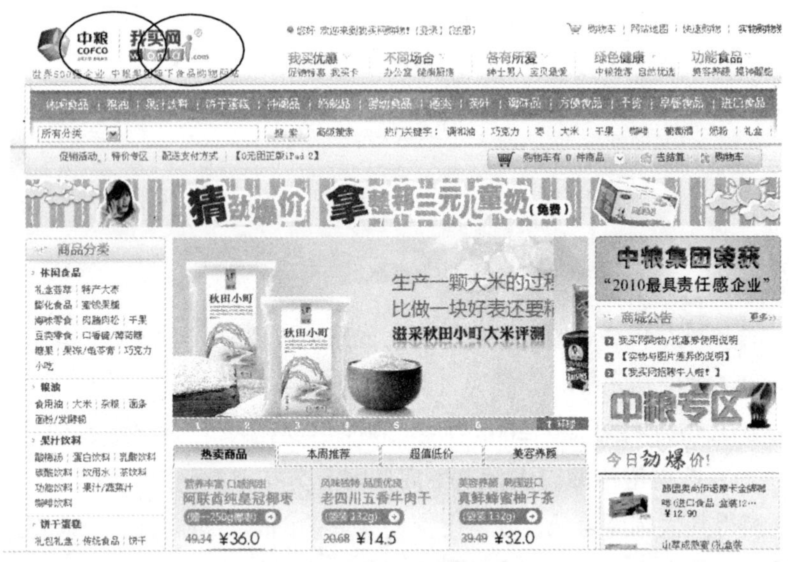

图 12-4 中粮“我买网”首页

中粮“我买网”提供的商品包括：休闲食品、粮油、冲调品、饼干蛋糕、婴幼食品、果汁饮料、酒类、茶叶、调味品、方便食品和早餐食品等百种品类。因属于食品类 B2C 网站，中粮“我买网”所出售的商品需求价格弹性较小，需求量的变动不容易受价格变动的影响。

（二）中粮“我买网”的“1+5”盈利模式分析

1. 电子商务盈利模式的一个核心框架体系

电子商务盈利模式的一个核心是指市场需求价值创造电子商务结构体系，以市场需求为导向是电子商务结构体系的导向，并以需求为导向确定整个体系构架。中粮“我买网”即是以客户（包括顾客与供应商）价值为核心，由网上交易、网上网下结算与物流配送共同组成的 B2C 电子商务盈利模式（见图 12–5）。

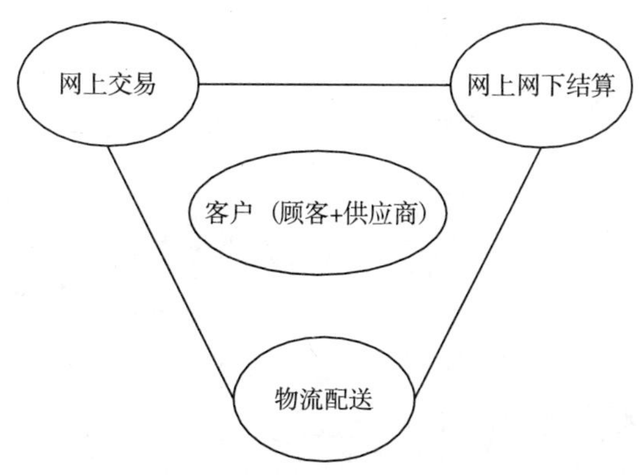

图 12–5 B2C 电子商务盈利模式

2. 电子商务盈利模式的五个基本点

（1）利润对象，是指中粮“我买网”提供实物产品或服务的顾客群体与供应商群体，他们是企业利润的唯一源泉，利润对象解决的是向哪些用户提供价值。

中粮“我买网”主要利润对象分为两大部分：顾客与供应商。中粮“我买网”提供的主要是食品类商品，除了向一般消费者提供零售商品之外，中粮“我买网”也向企业开放自己的网络平台，利用网站良好的信誉为其他企业提供额外的销售铺位。

随着都市生活节奏的加快，越来越多的人群选择了网上购物代替外出购物，我国的网络交易总额与交易规模也显现出良好的上升趋势（见图 12–6、12–7、图 12–8）。

如图 12–6、图 12–7 所示，C2C 下单次数、B2C 下单次数与下单次数增长率的大致走向都为上升趋势，在 C2C 下单次数稳定增长的同时，B2C 的下单次数也有了相对显著的增长。据统计，截止到 2010 年底，我国已拥有 1.6 亿的网购人群、4.57 亿的网民基数、互联网普及率攀升至 34.4%。

由此可见，在整个 B2C 电子商务网络购物良好发展的大环境下，作为中粮“我买网”利润对象之一的顾客数量也有了越来越庞大的增长趋势。

电子商务盈利模式的五个基本点指的是：利润对象、利润点、利润源、

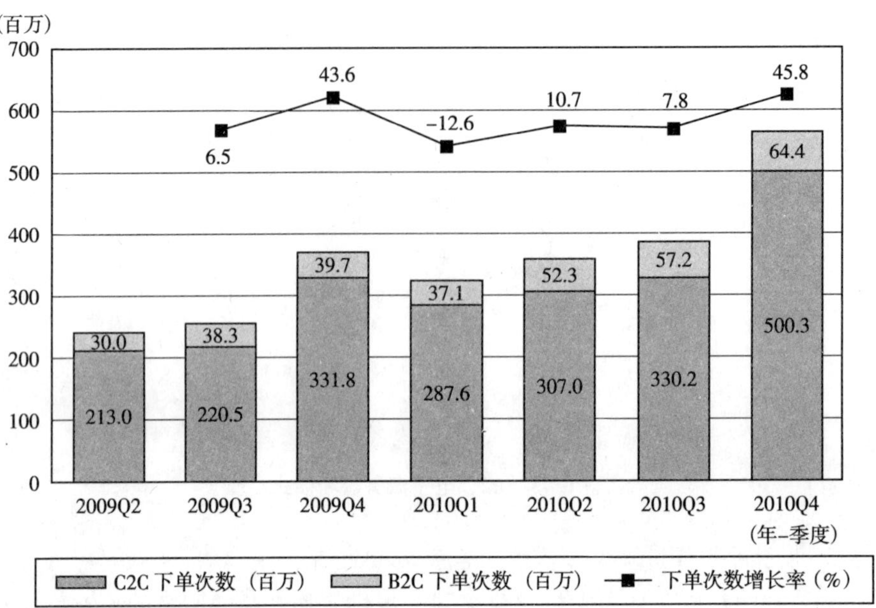

图 12–6　2009~2010 年中国购物网络下单笔数

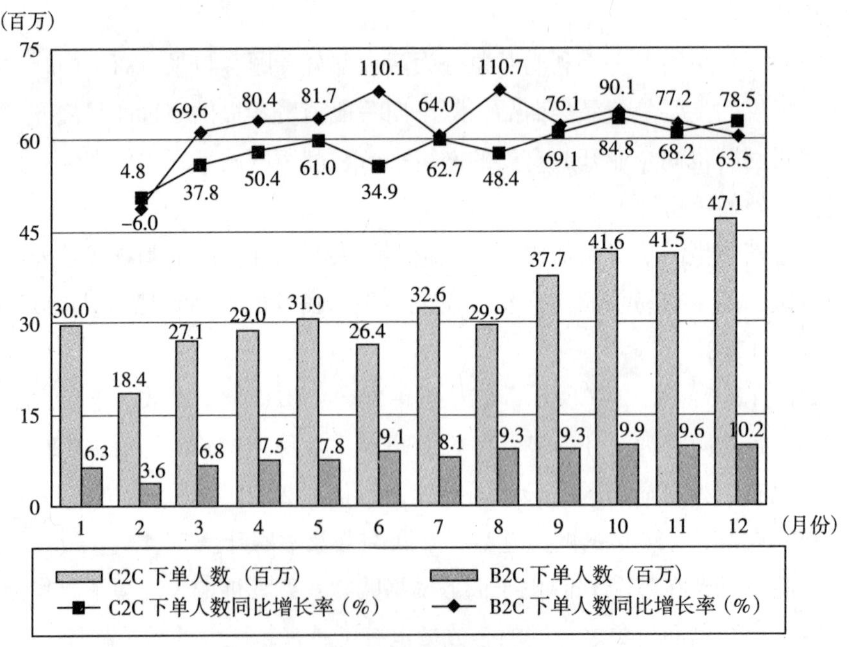

图 12–7　2010 年我国购物网络下单人数

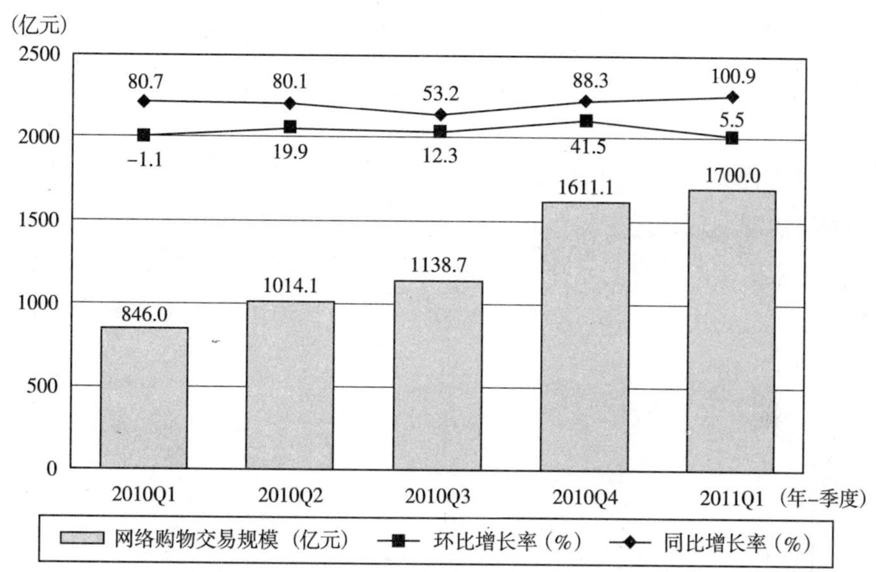

图 12-8 2010~2011 年我国网络购物市场交易规模

利润杠杆、利润屏障构成的一个有机整体。在电子商务盈利模式分析中，五个基本要素间都有非常紧密的联系。利润对象和利润点就是具有代表性的一对概念。中粮“我买网”在利润对象的经营策略上，选择了多种零售形式以针对不同需要的目标消费者，例如网页首页的导航部分（见图 12-9）就分为：“不同场合”、“各有所爱”、“绿色健康”、“功能食品”以对应场合、人群、营养、功能等不同需求，并作出相应的细分。这便是中粮“我买网”将利润对象与利润点的完美结合。此外，根据食品种类的不同，还设置有：休闲食品、粮油、果汁饮料、饼干蛋糕、冲调品、奶制品、婴幼食品、酒类、茶叶、调味品、方便食品、干货、早餐食品、进口食品等多种，帮助利润对象更方便、快捷地找到自己需要的商品。

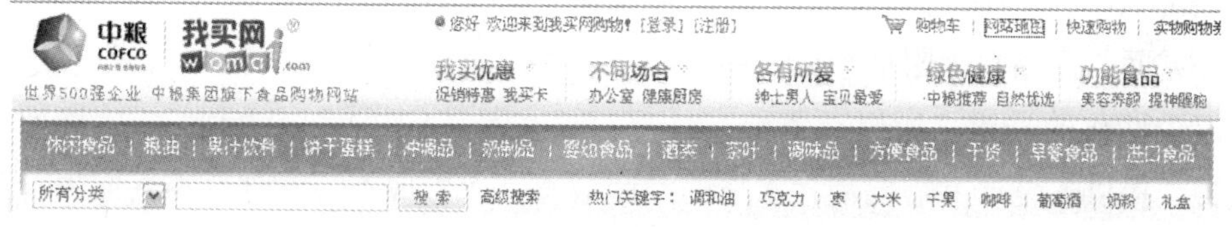

图 12-9 中粮“我买网”搜索示意图

(2) 利润点，是指中粮“我买网”可以获取利润的实物产品和服务。好的利润点：①针对目标客户的清晰的需求偏好。②为构成利润源的客户创造价值。③为企业创造价值，它解决的是向用户提供什么样的价值。

中粮“我买网”最初的定位只是一个以销售和推广中粮新产品的平台，但是通过内测发现，过少的食品品类根本不足以吸引用户，于是中粮“我买网”把中粮家族的所有产品都纳入到网站的商品类别之中，利润点的体现效果便有了提升。中粮“我买网”的产品线扩张也体现出了经济学中的长尾理论（见图 12-10）。

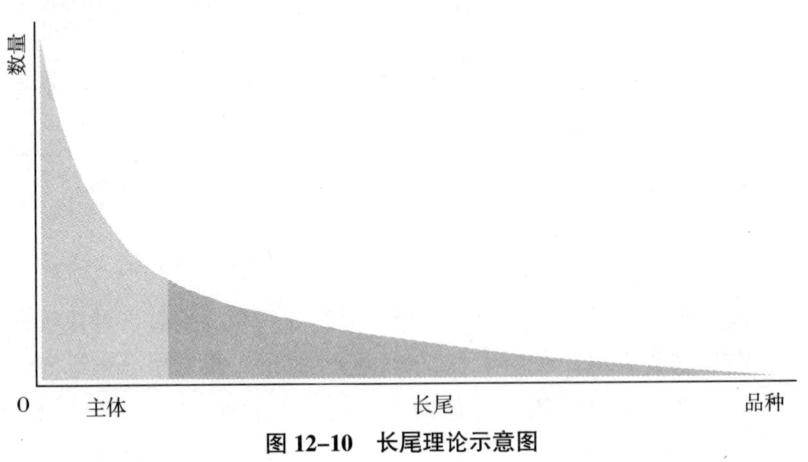

图 12-10　长尾理论示意图

长尾理论（The Long Tail）是由美国人克里斯·安德森提出的。可从四维动态分析模型中解释长尾理论（见图 12-11）。在资源稀缺假设前提下，传统经济属于典型的供给方规模经济，体现的是帕累托分布的需求曲线头部，用户的购买行为并不完全反映需求，主流产品占据了大部分市场，限制了人们的选择权。随着整个社会经济以及科技的发展，今天我们已步入一个“富足经济”时代（The Economics of Abundance），人们的生活质量在不断提高。一方面，商品在无限地细分，用户的取向除了具备一些共性之外，越来越追求个性化的需求，所以对各种商品都有存在需求的可能，对于实体店铺而言，提供长尾产品需要消耗大量的空间成本、人力成本与管理成本；而另一方面，随着技术进步和互联网的兴起，电子商务在聚集了这类产品原本分散的用户的同时，也降低了交易成本，突破了实体店铺在长尾产品上的局限性，也实现了用户与产品的 1 对 1 个性化需求。

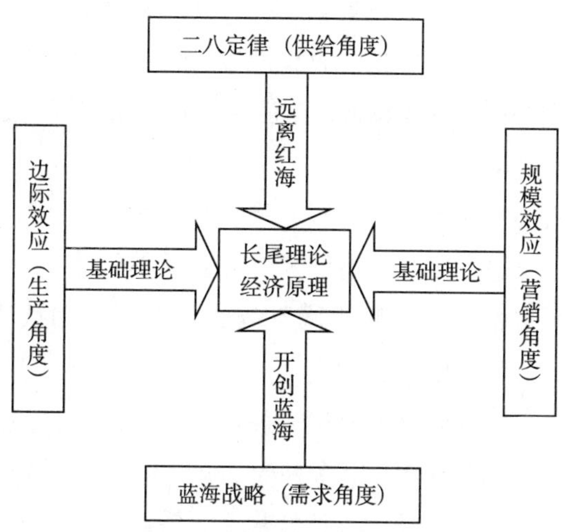

图 12–11 四维动态分析模型

因此，对于用户来说实物产品永远是选择越多越好，而且老百姓在买柴米油盐的时候，大多喜欢一站式购物，品类丰富也是吸引顾客的一个关键因素之一。

中粮"我买网"向客户提供的商品可以按照品牌分为两大类："中粮制造"和"中粮优选"。"中粮制造"的商品全部来自中粮集团旗下各个分公司，此类所有商品都可实现食品追溯；"中粮优选"商品则是其所在品类中排名前三的品牌产品。随着更多"中粮优选"商品新增品牌的上架，"中粮制造"在中粮"我买网"上所占的份额正在逐步下降。

事实上，中粮"我买网"向客户提供的不只是实物商品，同时还有无偿服务。例如，在中粮"我买网"开放了自己的平台之后，"中粮制造"仅占总量的 1/3，剩下 2/3 的部分被称做"中粮优选"。"中粮优选"要通过中粮的多重把关，只有满足中粮"我买网"的两大原则的商品才能成为"中粮优选"被上架，这两大原则是：①在传统超市的品类里销售最好的品牌，至少是前三名，以确保食品的安全和口味。②在网上热卖的商品，比如在中粮"我买网"上热销的"和田玉枣"，就是中粮"我买网"筛选出的最正宗的品牌——和田玉牌。

此外，中粮“我买网”向顾客提供的无偿服务还有邮件订阅。每一位在中粮“我买网”注册的顾客，在中粮“我买网”有新的产品优惠、服务相关的资讯时，都会收到一封由中粮“我买网”发送到注册邮箱的通知。这一服务不仅能帮顾客节省花销，同时也保持了中粮“我买网”与顾客的密切联系，有助于更有效地留住顾客。

这些在网上交易的后台进行的服务是中粮“我买网”的对利润对象的无偿服务，是为了有偿服务更好地满足客户需求而存在的。

(3) 利润源，是指中粮“我买网”的收入来源，即从哪些渠道获取利润，解决的是收入来源有哪些。

中粮“我买网”的收入来源有两方面。第一方面是食品的供销差价。据调研，中粮“我买网”现有 25000 多种商品，其中一共有 16 大类、152 小类商品。其中，休闲食品、粮油和果汁饮料 3 大类商品为中粮“我买网”的主流产品，占月销售总额的 75.9%；另外，还有饼干蛋糕、冲调品、奶制品等 13 大类产品为长尾产品，占月销售总额的 24.1%。

中粮“我买网”另一方面的利润源为佣金，以向其他食品企业提供良好的 B2C 电子商务平台赚取经营费用（见表 12-1）。传统企业在大型综合性的知名 B2C 电子商务平台上开店，利用其技术、人才、运营、营销推广等优势“借船出海”，已逐渐成为未来传统企业开展电子商务的捷径。特别是传统行业的大型企业集团还可以走“独立总店+网络分店”的网络化连锁模式，这更是未来的发展方向。

品牌食品厂商利用中粮“我买网”积累的优质用户优势和技术优势，与中粮“我买网”合作经营，由中粮“我买网”统一收银、统一页面管理，统一负责商品的配送和售后服务。不同的厂商视其性质和要求，可以开设：直营旗舰店——品牌生产厂商；品类专营店——专业连锁经营厂商；品牌专卖店——单一品牌代理厂商。经营方式灵活多样。商家的商品全部整合到中粮“我买网”现有购物环境中，与中粮“我买网”采用统一的购物流程和售后服务，共享中粮“我买网”高质量的庞大用户带来的无限商机。

入驻中粮“我买网”的品牌厂商，需要支付技术服务费、信息发布和

表 12–1 中粮“我买网”部分合作商家

迎乐	西本	格莱雪	龙王	德国普希金	德国百人城
盾顶	德国好维乐	德国果健康	德国 VIVIL	德国 Fresh	青花郎
御青	御红	艳阳红	龙须	祥聚斋	八荒
泰勒兄弟	沙乐	绿 A	康大	一好食惠	凤球唛
御香斋	鱼家	伊真	一鸣	铜钱桥	天力
上海梅林	莲悦	莲花	好食惠	恩济堂	春丝江
力加	凯旋 1664	中粮	手延	天乡	麴醇堂
加拿大银枫	深蓝牌	名仕	麦邦	马天尼	马利宝
咖啡蜜力	君度力	绝对	金巴利力	加拿大俱乐部	混血姑娘
必富达	白金武士	奥斯叶副	百加得	Finlandia 芬兰	茹梦
森永	冰岛	凯泰伟	首都企业家俱乐部	中粮专供	古来乐
新疆阿克苏	陕西洛川	祖名	和善堂	东鹏	唐人
忘不了	三奇堂	女人缘	金壮	黄金拾档	更娇丽
彩蝶	新疆昆化山	助学慧源	仁和	静心	金蓝鲨鲨

资料来源：中粮“我买网”地图。

个性化的后台操作平台等技术服务费用、固定租金或抽成租金费用、顾客交易手续费及统一促销费，还有一些其他费用。

（4）利润杠杆，是指中粮“我买网”提供的产品、服务以及吸引客户购买和使用企业产品或服务的一系列相关活动，与企业的价值结构相关，它回答了企业能够提供的关键活动有哪些（见图 12–12）。分析中粮“我买网”的利润杠杆可以从已有利润对象和潜在利润对象入手。首先，对于已有利润对象，“我买网”的利润杠杆主要有以下两方面：

1）传统零售中的促销思维。中粮“我买网”遵循供货商给沃尔玛、家乐福的定价规则，比超市价位略低但绝不破价。尽管在价格上没有绝对的优势，但是传统零售中的促销思维依然给中粮“我买网”带来了不错的竞争力——买赠活动。即以所有中粮新出品的果汁、麦片等产品作为赠品，买任何产品均会赠送。一方面利用内部赠品支持力度大的优势开拓市场；另一方面又能将新品迅速推向消费者终端（见图 12–13）。

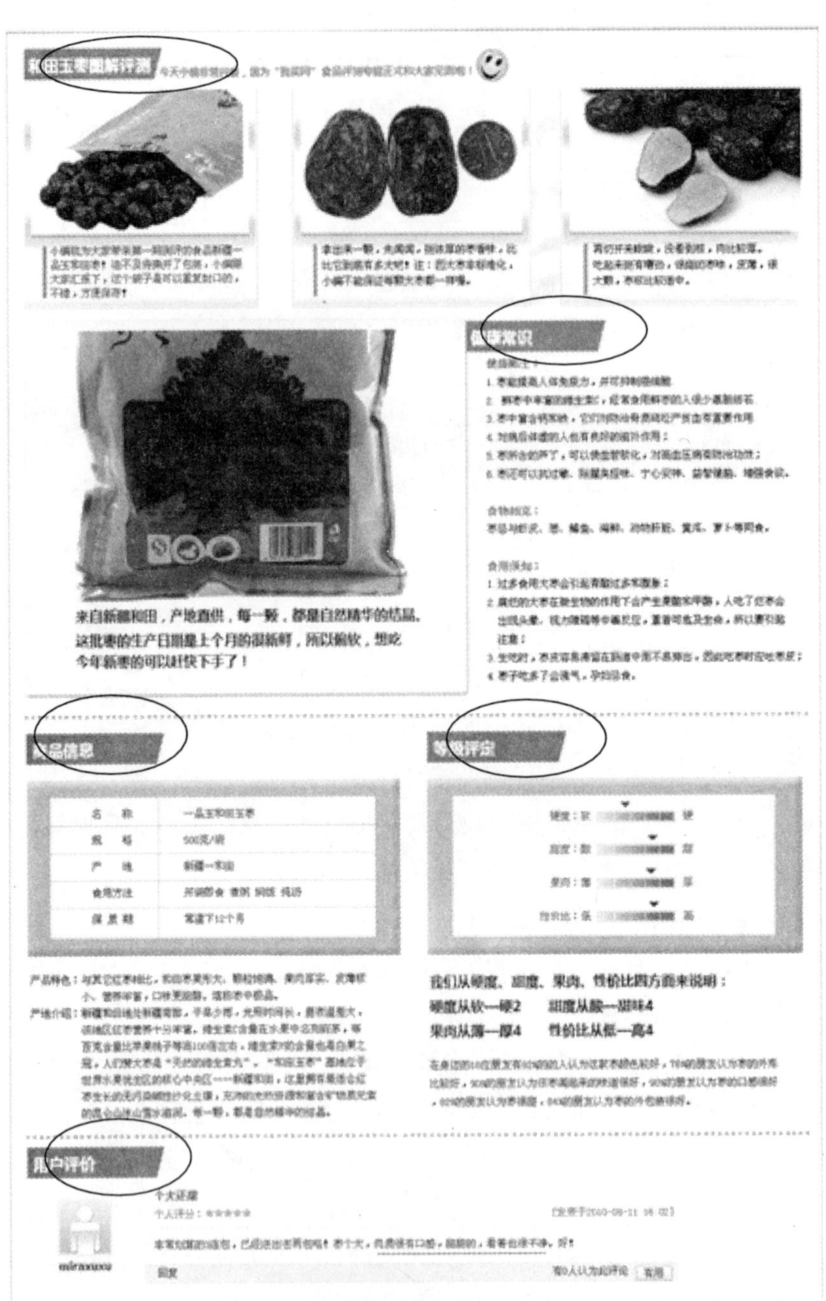

图 12-12　中粮“我买网”新疆和田玉枣的评测专区

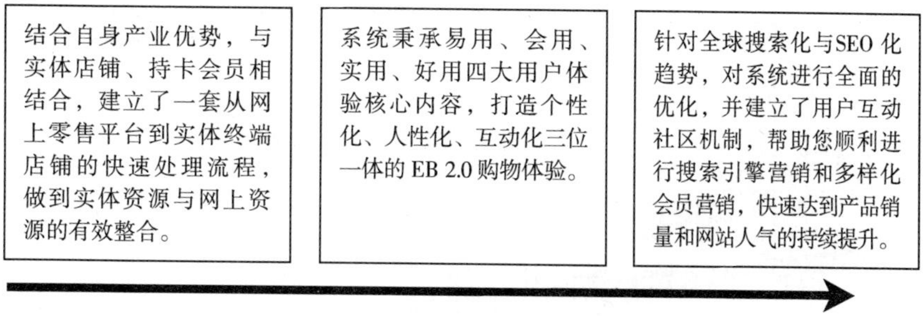

结合自身产业优势，与实体店铺、持卡会员相结合，建立了一套从网上零售平台到实体终端店铺的快速处理流程，做到实体资源与网上资源的有效整合。	系统秉承易用、会用、实用、好用四大用户体验核心内容，打造个性化、人性化、互动化三位一体的 EB 2.0 购物体验。	针对全球搜索化与SEO 化趋势，对系统进行全面的优化，并建立了用户互动社区机制，帮助您顺利进行搜索引擎营销和多样化会员营销，快速达到产品销量和网站人气的持续提升。

图 12-13 中粮“我买网”的利润杠杆

2）SNS 应用。互联网 SNS（社交互动，Social Networking Services）应用在 2010 年得到了网络用户的广泛认可，国内的微博、国外的 Facebook，已迅速成为网民新的集散地。现在，这种互动功能应用，也开始被 B2C 网站应用在自家平台上，成为网站流量、注册用户数量及网页浏览深度之外的另一项重要参考指标。

中粮“我买网”在其平台正式上线了食品评测专题。互动性正成为中粮“我买网”改革的重要诉求，而中粮“我买网”也是 B2C 食品领域首家推出评测功能的网站。

在中粮“我买网”官网上，在新疆和田玉枣的评测专区，已经划分出几个清晰的小板块，包括和田玉枣图解评测、商品信息、健康常识、等级评测及用户评测，围绕着一款产品，力图从全方位多角度对网购消费者进行告知、互动与引导（见图 12-12）。

中粮“我买网”SNS 的推出，如同产品包装说明的一个延伸，在网络平台将更多详尽的信息、用户评价与消费者进行进一步的互动，解决了商家与消费者信息不对称的问题。

对于潜在利润对象，“我买网”主要采取推广运营的手段吸引客户（见图 12-14）。从搜索引擎营销、邮件营销与病毒式营销三方面并进向潜在利润对象进行推广。SEO 友好设计从美观、创意和易用的角度考虑，可以帮助一个商业网站获得较高的搜索引擎排名，有助于将潜在利润对象转变为已有利润对象。邮件式营销可以帮助“我买网”在保持已有客户的基础上，与其建立紧密频繁的联系。病毒式营销可以最全面、最广泛地扩张“我买网”利润

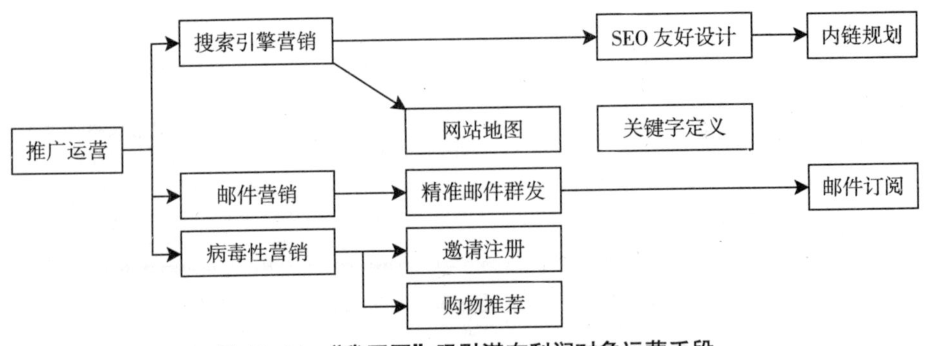

图 12-14 “我买网”吸引潜在利润对象运营手段

对象范围，从而最大限度地为“我买网”吸引顾客。

（5）利润屏障，是指中粮“我买网”为防止竞争者掠夺本企业利润而采取的防范措施，它与利润杠杆同样表现为企业投入，但利润杠杆是撬动“奶酪”为我所用，利润屏障是保护“奶酪”不为他人所动，它解决的是如何保持持久盈利的方法。

1）品质保证。中粮“我买网”之所以能够建立，在于其企业声誉、产品品质、产品储存、专业物流和售后保障体系等方面有着绝对优势，让消费者购买食品时更安心。食品作为入口的特殊商品，食品质量和消费者的人身安全健康尤为重要。只有从源头开始控制食品质量，通过专家对供货厂家提供的产品进行严格优选，才能够对销售的产品有所保障。而中粮“我买网”针对消费者最为关注的食品保质期问题做出了明确的规定：保质期超过 1/3 的不进库，保质期超过 2/3 的不出库，保证了送到消费者手中的都是合格、新鲜的食品。

2）双品牌运营。中粮旗下的无数资源，为中粮“我买网”的发展提供了诸多帮助。和其他电子商务公司不同的是，中粮“我买网”是在中粮集团经过近 60 年的发展，成为中国最大的粮油食品进出口公司和实力雄厚的食品生产商之后投资创办的，中粮集团多元化的业务优势，显然给中粮“我买网”带来了很多与生俱来的机会。

中粮“我买网”在短短时间内能够取得令人瞩目的成绩，中粮集团的支持是不可或缺的一个因素。在中粮集团多方面的支持下，中粮“我买网”在技术、设备及人才储备等方面均有了进一步的提升。2010年8月，中粮“我买网”采购部经过扩充后实力增强，经营产品线直接扩充至全部常温食品领域，使商品规模在短短不到四个月的时间里由2000个SKU扩充至5000个SKU以上，而且品类经细化管理后，日均销售额翻了两番。此外，运输管理系统（tms）及仓库管理系统（wms）也均在2011年1月上线，因此配送速度及质量也得到了很大的改善。

3）大力发展“我买卡”。目前，中粮“我买网”汇集了粮油、红酒、饮料、茶叶、休闲食品、冲调品、饼干蛋糕、婴幼食品、调味品等日常食品，以及中粮集团全球化采购来的进口食品，在食品安全方面有足够的保障。据调查，中国电信、中英人寿、万科集团、雪莲集团等大型企业已经将“我买卡”作为发放给员工的福利。

4）推出“我买团”。2011年，中粮“我买网”开设团购频道“我买团”，用户可以“我买团”与中粮“我买网”共享一个账号。“我买团”支持“我买网”现有的网络支付的平台，比如“支付宝”和“银联在线”等支付方式，不支持货到付款。

“我买团”的推出，借鉴了当下受消费者欢迎程度极高的团购模式，扩展了中粮“我买网”的业务范围。区别于其他团购网站的是，“我买团”提供的团购商品均出自中粮集团或中粮“我买网”，这不仅为中粮“我买网”吸引了更多的消费者，更为在“我买团”上消费的客户提供了放心消费的保障。这是继中粮“我买网”在SNS应用之后的又一项创新。

“我买团”的客户在团购之后，可以回到中粮“我买网”继续购物，且购物金额允许叠加，叠加之后的总额超过免费配送金额时，可以为客户省去物流配送费用。如此，“我买团”与中粮“我买网”强强联合，互相拓展，为彼此都提供了更多、更广泛的利润对象、利润点与利润源。

三、"我买网"盈利模式存在的问题

(一) 电子商务框架(即一个核心)

尽管中粮"我买网"依赖中粮集团强大的实力、完整的产业链,一上线就有了较高的知名度,但消费者习惯制约、线上线下价格体系协调、仓储物流配送复杂整合等问题还都有待中粮"我买网"解决。

1. 购物

购物——线上线下不同价格体系的协调:网购用户对于价格向来非常敏感,而且身边的超市就能使中粮"我买网"上的商品随手可得,想要吸引用户,降低产品价格是一个必要手段。但是线上线下不同的价格体系协调对中粮"我买网"来说是一项非常复杂的工程,因为中粮"我买网"有太多的经销商和渠道商。

2. 支付手段

互联网与电子商务的飞速发展加快了电子支付手段的完善速度,电子支付目前有以下两大类支付方式:网上银行在线支付以及通过支付平台支付。我国的绝大多数银行已经开通了网上银行在线支付的业务,支付平台也在逐渐增多,主要有:"支付宝"(Alipay50%)、"财富通"(Tenpay20%)以及"快钱"(99bill6%)(见图 12-15)。

由图 12-15 可以分析得出,在众多电子支付手段中,支付宝和网上银行是消费者支付的优先选择,而其他的支付方式的使用频率还处于较低阶段。据调查,尽管支付宝和网上银行在网上支付选择中占据比较大的比重,但是还有很多的消费者对网上支付的安全性持怀疑态度。此外,网上银行等在线支付手段在办理程序上较为繁杂,很多消费者不能接受在相关机构繁琐的办理程序和漫长的办理等待时间,因此,除网上支付之外还存在许多非电子支付购买者。

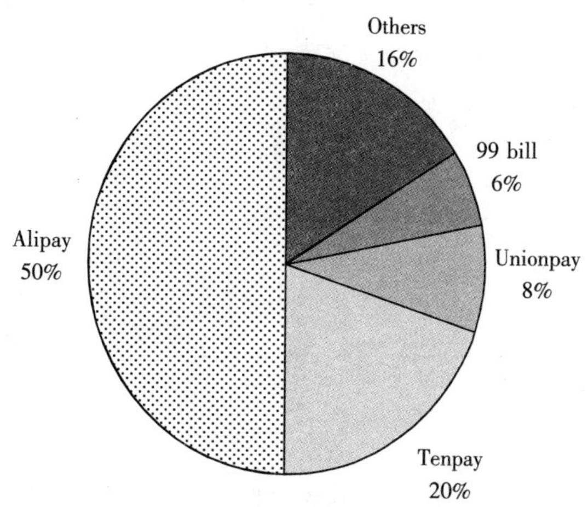

图 12-15 2011 年第一季度网上支付平台市场份额（%）

中粮“我买网”在运行的过程中，对这类以非网上支付方式购买的消费者欠缺完善的考虑，货到付款还是常有找零不够等现象的出现。要进一步发展中粮“我买网”，就要更好地为非线上支付消费者提供便利。

3. 物流配送

物流——仓储物流配送的复杂整合：不仅仅是价格，仓储和物流问题也会局限到中粮“我买网”。虽然中粮的物流和仓储基础非常夯实，但是中粮从原本批发式的物流配送，要改成订单制的零售物流，并不是那么简单，整个仓储模式会改变，物流的人力成本会增加。而且中粮旗下拥有多个品牌，都集中在中粮“我买网”时，背后的仓储、物流配送整合等问题都亟须解决（见图 12-16）。

此外，中粮“我买网”的市场目标定位是做“全国最大最专业的食品 B2C 网站”，但由于食品的特殊属性，中粮“我买网”对仓储的要求远高于其他的电子商务网站，加上食品的物流成本较高，只能在当地建立仓库之后才能开展销售。因此，虽然中粮专业的食品企业背景可以为中粮“我买网”提供强大的技术支持，但是从批发转向零售电商，还是有一个艰难蜕变的过程需要中粮“我买网”去探索。

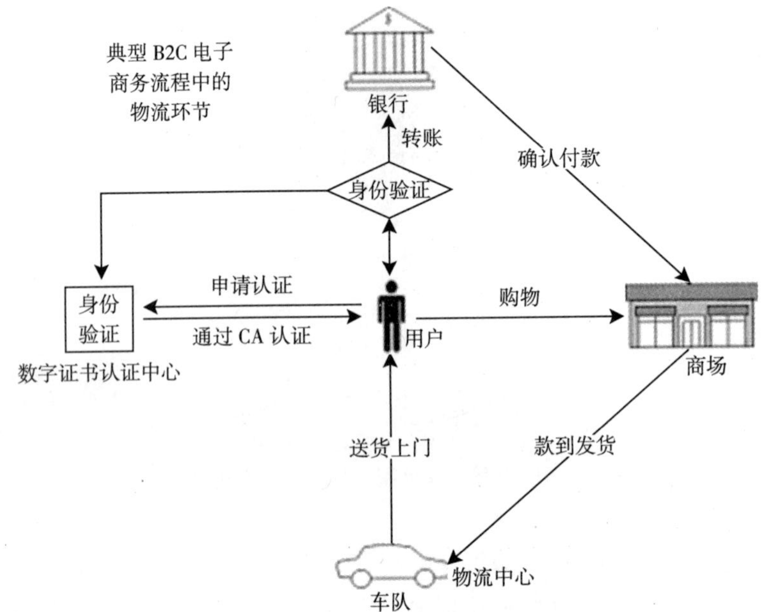

图 12-16　典型 B2C 电子商务流程中的物流环节

（二）五个基本点

1. 利润对象

会员的注册和“我买卡”、礼券等账户充值都要在网上进行，符合年轻白领们的生活习惯，但是给不会上网或对网络不熟悉的中年客户带来麻烦。

越来越多电子商务的企业，不仅仅把自己的目标消费群体锁定在网民上，还利用集体运作的方式去拓展到一些非网民群体，包括一些店下的方式，广泛意义上的用户更多是网民的用户，其实更多的是以扩散的形式存在的。据统计，综合运营排名前 20 名的网站 80%以上用不同程度的模式、方式加入到电子商务大潮当中，比如说腾讯的拍拍、天涯的商城，包括流量型的下载类的用户，跟淘宝这种合作，都让我们看到，利用用户来直达销售的终端，是目前一种新的利润对象开发手段。在这些企业之中不乏传统行业的一些品牌厂商，包括渠道商等这些传统行业的商务角色。因此，中粮“我买网”在利润对象的开发方面，应该从这一点上有所借鉴。

2. 利润点

中粮“我买网”除了目前的利润点之外，还可以加入广告铺位的利润点设置。目前，中粮“我买网”网站上未登出任何集团或企业的推广广告。不少网站为增加利润，在页面中心自动弹出过多广告，干扰用户进行页面浏览，影响购物心情，但是如果能有条理地将广告铺设置于页面边栏等不会对顾客造成视觉影响的位置，加入广告铺位这一利润点还是值得中粮“我买网”考虑的，否则过于单一的利润点不利于企业的长期盈利。

3. 利润源

中粮“我买网”获取利润的渠道相对单一，食品类的供销差价较小，应考虑包括融资、广告铺位等在内的多种利润渠道。

此外，中粮“我买网”缺少“一站式”购物理念的应用。互联网与电子商务网上交易发展至今，顾客是否能在店中一次购齐所有需要货品，是否可以得到及时的新产品销售信息，是否可以享有送货上门、免费包装等附加服务，是否可以在任何有空闲的时间入店购物并得到相应的服务，这些问题都成为评价一家电子商务网站好坏的重要标志。诚然，中粮“我买网”在垂直类 B2C 电子商务网站领域发展较好，但是若可以打破垂直于食品类的束缚，向综合类 B2C 电子商务网站发展，也是中粮“我买网”今后发展的道路之一。

4. 利润杠杆

中粮“我买网”的注册会员缺少相应的会员优惠制度，例如，在中粮“我买网”累计购物没有 VIP 晋级制度，不能让客户体会更多来自于会员制度的优越感，不利于很好地保持已有客户，容易导致客户流失。

5. 利润屏障

“我买卡”的普及程度较低，据调研，平均每 100 人中有 87 人知晓中粮“我买网”，而在这 87%的人群中，只有 30%的人知晓如何应用“我买卡”。因此，除了通过一些大型企业派发员工福利的形式推广“我买卡”之外，中粮“我买网”应更广泛地向社会渗透“我买卡”的应用。

四、中粮“我买网”与淘宝商城模式比较分析

随着电子商务的不断发展，人力资源与店铺租金等费用上涨及人们消费观念的转变，使线下传统零售企业承受着巨大压力，网上交易的低成本高利润促使传统零售企业向网上交易发展。为此，笔者选取了与中粮“我买网”同属于以 B2C 为主的电子商务网站的淘宝商城（http：//www.tmall.com/）作为典型案例与中粮“我买网”进行对比分析，调查研究依据“1+5”盈利模式分析范式进行分析（见表 12-2）。

表 12-1　中粮“我买网”与淘宝商城的“1+5”盈利模式比较

要点＼企业	中粮“我买网”	淘宝商城
核心	卖方企业—买方个人模式； 以消费者为核心的盈利模式	卖方企业—买方个人模式； 以消费者为核心的盈利模式
利润对象	有食品类商品需求的顾客、企业； 与中粮“我买网”合用出售商品的企业、商家	对衣食住行各方面有需求的消费顾客和企业； 向淘宝商城租赁铺位出售商品的企业、商家
利润点	“中粮制造”、“中粮优选”； 邮件订阅（无偿服务）	衣食住行各类商品、服务； 向会员出售的铺位
利润源	所售商品食品差价； 各食品合用商家的代理销售费用	淘宝商城会员支付的会员费； 支付宝的第三方服务费用
利润杠杆	传统买赠活动； SNS 应用； 购买商品可得积分抵扣应付费用	折扣券、现金折抵券； 积分兑换礼品、现金；VIP 会员制度
利润屏障	中粮集团信誉保障； 产品入库严格规定；“我买卡”的应用	进入门槛低，会员数量庞大； 业务链相对完整

由以上调研结果可见：

(1) 在一个核心框架方面，中粮“我买网”与淘宝商城都是卖方企业——买方个人模式，都是以消费者为核心的盈利模式。

(2) 对比五个基本点方面：

1) 利润对象。中粮“我买网”是垂直型 B2C 电子商务网站，而淘宝商

城是综合类B2C电子商务网站，两者相比较，中粮“我买网”的利润对象局限于食品类，而淘宝商城的利润对象涉及拥有各种需求的消费者和供应商。

2）利润点。中粮“我买网”的利润点主要是其所出售的食品，而淘宝商城的利润点除包括衣、食、住、行等各个方面的商品和服务之外，还有利用支付宝的第三方服务获取的利润。

3）利润源。中粮“我买网”的利润源主要是所出售食品的供销差价以及供应商的服务费用，而淘宝商城除此之外，还包括支付宝中的闲置和沉淀资金所产生的银行利息，这和淘宝商城的交易量和交易价格有直接联系。

4）利润杠杆。中粮“我买网”的利润杠杆主要是传统的买赠活动以及SNS的应用，而淘宝商城的利润杠杆主要是折扣券、现金折抵券、积分兑换礼品以及积分兑换现金购买商品等活动。其中，积分兑换礼品与积分兑换现金购买商品活动受到了消费者的广泛欢迎，相较之下，中粮“我买网”推出的活动相对单一，缺乏吸引力。

5）利润屏障。中粮“我买网”的利润屏障主要是中粮集团的信誉保障，其次是“我买卡”的推出与应用。淘宝商城的利润屏障则是进入“门槛”低，在短时间内吸引大量的会员，构成庞大的业务链，从而保护“奶酪”不为他人所动。相比之下，中粮“我买网”因中粮集团的信用盾牌给予了消费者对于其网站上出售商品更多的信任，可以在初期更好地招揽客户；而淘宝商城因为进入门槛低、商品管理不严经常出现货不对板等因素使得消费者对商城的商品产生质疑，因此在一定程度上阻碍了淘宝商城的发展壮大。

五、完善“我买网”盈利模式分析

（一）利润对象

1. 性别特征：男性网购参与度略高于女性

2010年中国网络购物市场中男性实现的订单量占52.6%，女性占

47.4%。与 2009 年同期相比，订单的性别结构较为稳定（见图 12-17）。

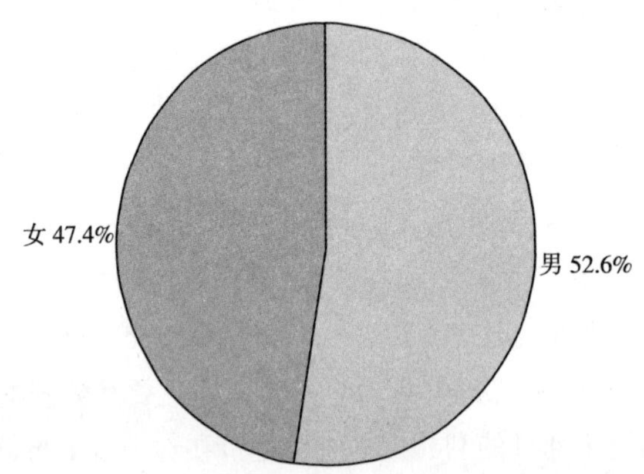

图 12-17　2010 年我国网络购物市场依性别划分的订单分布

伴随着网络购物的日益成熟，男性和女性各自所实现的订单量已较为接近，两者的网购贡献度或已达到均衡。因此，中粮“我买网”在发展的同时应对男性购买者引起足够的重视，在进步的同时照顾好男、女两性的各自需求与喜好。

2. 年龄特征：大龄人群的网购参与度略有提高

2010 年 30~40 岁的大龄人群所实现的订单量占比为 22.5%，高于 2009 年的 20.8%，大龄人群的网购参与热情在年青一代的带动下有所提高。大龄人群往往具有较强的购买力，且对商品的品质有较高要求。因此，中粮“我买网”在吸引大龄利润对象这一方面，可以优化购物流程，使购物方式更简易，更能为大龄人群所接受（见图 12-18）。

此外，还可以制定发放商品购物宣传单，针对市场反应需求，可以考虑月刊或半月刊。借鉴 Supermarket 的商品宣传册形式，可以有效地在大龄人群中起到良好的广告推广作用。

3. 收入特征：高收入人群的网购参与度有所提高

从人群收入水平的角度考察，3000 元以上的高收入人群所实现的订单量占比由 2009 年的 25%上升到 2010 年的 27%，反映高收入人群的网购参与度有所提高（见图 12-19）。

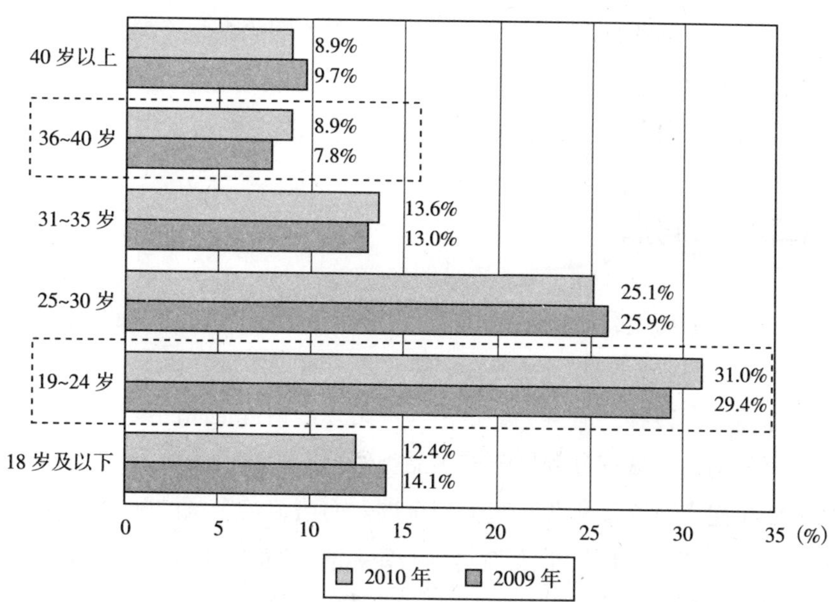

图 12-18 2009~2010年我国网络购物市场依年龄划分的订单分布

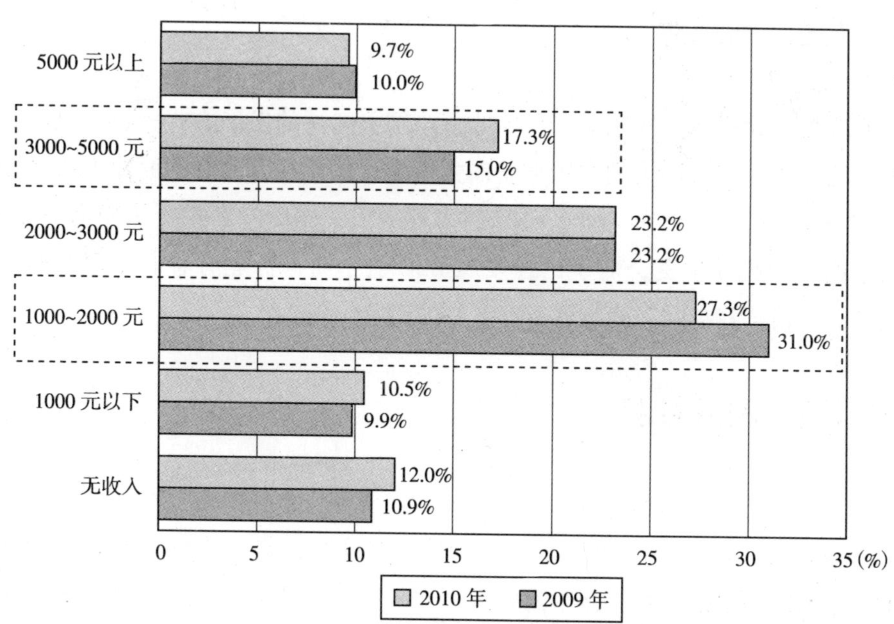

图 12-19 2009~2010年我国网络购物市场依收入划分的订单分布

高收入人群网购参与度的提高呼应大龄人群网购参与度的上升，进一步表明网络购物这一新型的购物方式越来越得到社会中坚和主流人群的认可，中粮“我买网”向利润对象提供的商品也应适应这一发展变化。

（二）利润点

在未来，如何整合好中粮“我买网”的内部资源，把前端的产业优势转化到电子商务的业务中来，决定着中粮“我买网”能否成功。

向综合平台转移。借鉴“红孩子”网站开始销售食品的案例，许多垂直类电子商务网站会从细分领域转向多品类经营。中粮“我买网”目前的战略是从区域化起步，逐步从北京覆盖到全国。而当覆盖全国的配送范围目标实现之后，中粮“我买网”的发展达到一定规模应考虑打通更多的品类渠道，将中粮“我买网”从垂直型 B2C 向综合类平台转移。

（三）利润源

中粮“我买网”的发展可以借鉴京东网上商城的发展方式——争取风险基金的融资。潜力巨大的中国电子商务市场，以及拥有优秀的商业模式和出色市场业绩的电子商务企业，越来越多地吸引了国际知名投资机构的关注。京东商城的成功融资，对于迅速发展 B2C 电子商务行业有着非常积极的意义，对中粮“我买网”的发展也有重要的借鉴作用。

（四）利润杠杆

除去食品评测功能的增添作为中粮“我买网”利用好利润杠杆的一个良好体现外，如何在今后的发展中利用好利润杠杆，将“奶酪撬动”为我所用，这不仅是中粮“我买网”需要解决的问题，更是整个 B2C 电子商务领域发展需要考虑的问题。

1. 与大悦城合作

在中粮的战略里有"两链"，即"全产业链"和"全服务链"。"全服务链"是指大悦城等类型的商业地产旗舰品牌的形态。2010 年 5 月，北京朝阳北路的大悦城开业，同年 10 月，上海的新店开业，天津、沈阳、成都等地的大悦城品牌也相继开业。事实上，大悦城从 2006 年开始起步，已经积累了相当庞大的 VIP 会员系统，如果中粮"我买网"能把自己的会员系统与中粮旗下的大悦城的会员系统进行交叉营销，通过互动形成一定的协同效应，无疑会是双赢的结果。

2. 与便利店合作

中粮凭借自身的地位和资源，有很多与传统渠道接洽的机会，比如像华润万家、7-11 类型的便利店。这些规模较小的店铺主打产品多为食品、饮料。建立在相同目标客户群的基础上，如果中粮"我买网"和便利店之间能够达成合作，互相销售对方的商品；或者将便利店作为客户"自提"的线下实体店；甚至用户可以在网购时，指定到某个最方便的便利店取货等方式，都有很不错的合作与发展潜力。

（五）利润屏障

建立红酒体验店。中粮酒业先天的自有渠道可以直接代理国外的红酒，一方面保证了红酒的品质；另一方面可以严格控制合理的价格，不会出现国外仅售 50 元的餐酒，进入国内就价格翻番的情况。与此同时，现在中粮酒业大多是走大客户渠道，个人消费者难有机会亲自品尝红酒并体验其中的文化。如果有"线上 + 体验店"的模式，无论对中粮酒业和中粮"我买网"的销售业绩还是品牌的发展都是一种提升。

六、结 论

随着网络购物市场的日益成熟，零售企业电子商务网上交易的竞争趋势已从价格与品质层面向服务与品牌层面转变。在此背景下，每一个发展中的零售企业电子商务盈利模式都存在不同程度的缺陷，因此，以“1+5”盈利模式分析范式研究中粮“我买网”具有很重要的意义。本章通过对“我买网”进行现状分析、问题分析、比较分析与完善分析，做出以下创新：

（1）广泛调查取证了 100 家网上电子商务零售企业，归纳总结电子商务盈利模式所涵盖内容，根据调查结果提取六个影响零售企业电子商务盈利模式的关键环节，以中粮“我买网”为例，构建“1+5”电子商务盈利模式分析范式，为电子商务盈利模式提供了一定理论基础。

（2）根据不同的 B2C 电子商务网站的实物交易的客体对我国网上零售电子商务企业进行具体分类。

（3）比较分析中粮“我买网”与淘宝商城的电子商务盈利模式，借助“1+5”分析模型对一个核心、利润对象、利润点、利润源、利润杠杆、利润屏障四个方面的内容进行实证分析，归纳整理出同为 B2C 类型电子商务网站在相关方面的优劣性，并在此基础上提出现存问题及解决方案。

（4）将“1+5”电子商务盈利模式分析范式与长尾理论相结合，分析利润点与利润源的经济学原理。

（5）从政府、企业、消费者三个层面对改善中粮“我买网”电子商务盈利模式提出具体建议。

对于中粮“我买网”不能简单地以“B2C 业务”来定义，更准确地说，应该是一项全新的战略业务单元。因此，中粮“我买网”并不仅仅是中粮自己开设一个网站来销售自有的系列产品，而是通过这个网络平台来销售各种品牌的产品，从这个意义上来讲，中粮“我买网”是一个纯粹的电子商务零售企业。正如阿里巴巴宣称打造“网上沃尔玛”一样，中粮“我买网”的实质是打造一个网上的“食品专业大卖场”，则在其运营的内涵中就是一个“电子商务+零售”的概念，而并非一种渠道那样简单。

然而，由于时间及笔者能力限制，本章仍存在许多不足，所研究的内容与深度有待提升，所提出的相应解决方案在实践中的可行性及有效性有待检验。笔者所提出的“1+5”电子商务盈利分析模型，涉及的因素较少、范围较宽，如若继续细分、量化并构建相关模型将有助于分析评价电子商务盈利模式。笔者将继续细化与深化该模型，通过定性和定量两个角度完善分析体系，以期能够更为科学严谨地为我国零售企业网上交易模式的改善提出更具现实意义的建议。

参考文献

[1] 洪涛. 电子商务盈利模式案例 [M]. 北京：经济管理出版社，2011.

[2] 伍贻康，张幼文. 虚拟市场：经济全球化中的电子商务 [M]. 上海：上海社会科院出版社，2001.

[3] 唐·塔普斯科特戴维·蒂科尔亚历克斯·洛伊. 数字资本与商务网 [M]. 孙予，张建年译. 世界图书出版公司，2002.

[4] 埃弗雷姆·特伯恩，电子商务 [M]. 王理平，张晓峰译. 北京：电子工业出版社，2003.

[5] 中国电子商务年鉴编辑部. 中国电子商务年鉴 [R]. 中国电子商务协会，2002.

[6] 李翔. 电子商务 [M]. 北京：机械工业出版社，2002.

[7] 张维迎，毛长青. 中国企业互联网与电子商务应用 [R]. 国家经贸委贸易市场，北京大学网络经济研究中心，2002.

[8] 阿兰·奥佛尔，克里斯托福·得希. 互联网商务模式与战略—理论和案例 [M]. 北京：清华大学出版社，2002.

[9] 保罗·H.蒂默斯. 六大电子商务发展战略 [M]. 北京：机械工业出版社，2002.

[10] 丁乃鹏，黄丽华. 电子商务模式及其对企业的影响[J]. 中国软科学，2002 (1).

[11] 方孜，王刊良. 基于 5P4F 的电子商务模式创新方法研究 [J]. 中国管理科学，2002.10 (4).

[12] 吴广谋，盛昭翰. 系统与系统方法 [M]. 南京：东南大学出版社，2000.

[13] 廖成林，汤亚莉. 基于内部审计的企业市场创新评价 [J]. 重庆大学学报（自然科学版），2002.25 (5).

[14] 赵毅凝. 电子商务盈利模式分析 [D]. 北京科技大学硕士论文，2003.

[15] 董超. 电子商务模式理论与案例研究 [D]. 上海复旦大学硕士论文，2002.

[16] 陈艳. 电子商务模式的价值链和盈利模式探讨 [D]. 南京东南大学硕士论文，2002.

[17] 王健. 电子商务导论——商务角度 [M]. 北京：北京对外经济贸易大学出版社，2002.

[18] 大卫·班尼尔，理查德·路艾克. eBay 现象——世界最热门网络公司商业揭秘 [M]. 北京：机械工业出版社，2002.

[19] 李卫宁，蓝海林. 电子商务时代的竞争结构分析 [J]. 山西大学学报（哲学社会科学版），2001 (1).

[20] 郭晓川，茶娜. 基于知识与网络的企业赢利模式 [J]. 复旦大学学报（自然科学版），2003 (5).

[21] 杨亮 . 海尔——e 时代革命 [J]. 北方经济，2002 (1).

[22] 王能民，孙科. 电子商务模式的分析及发展 [J]. 财经科学，2002 (4).

[23] 荆林波. 电子商务模式检讨 [J]. 网际商务，2001 (11).

[24] 杨波，徐凤华. 网络中介的电子商务模式分析 [J]. 煤炭经济研究，2003 (1).

[25] 王绪刚，钱旭潮. 基于体验营销视角的三大门户网站赢利模式分析 [J]. 商业经济与管理，2004 (3).

[26] 学军. eBay 明天的早餐在哪里 [J]. 电子商务，2000 (8).

[27] 文浩. 电子商务经济的赢利模式 [J]. 广西电业，2002 (8).

[28] 中国社会科学院财贸所电子商务课题组. BZC 模式电子商务发展的现状与前景分析 [J]. 财贸经济，2000 (12).

[29] 李亮先，王芳萍. 试论互联网网站的经营模式 [J]. 情报杂志，2003 (8).

[30] 章宁，王天梅，许海曦，刘海征. 电子商务模式研究 [J]. 中央财经大学学报，2004 (2).

[31] Petrovic，O.，Kittl，C. Teksten，R.D. Develo Ping Business Models for eBusiness，In the Proceedings of the International Conferenee on Electronic Commerce 2001 [J]. Vienna，Austria，October 31–November 4.

[32] Adamantia Pateli. A Domain Area Report on Business Models. White PaPer. Athens University of Electronics and Business [J]. Greece，November 2002.

[33] Aberdeen Group，Inc. Strategic procurement：the next wave of Procurement automation [J]. White PaPer，July 1999.

[34] Kevin Kelly. New Rules for the New Economy. Seminar on e–business [C]. IBM CorPoration，July1999.

[35] Timmers. Business Models for Electronic Markets [J]. Journal on Electronic Markets，1998，8 (2).

[36] Amit，C. Zott. Value Creation in eBusiness [J]. Strategic Management Journal，2001 (22).

[37] Alt, P., Zimmerman, H. Introduction to SPecial Section –Business Models [J]. Electronic Markets. 2001, 11 (1).

[38] Namchul Shin. Strategies for comPetitive advantage in electronic cornroerce [J]. Journal of Electronic Commerce Research. 2001, 2 (4).

[39] G. T. LumPkin, Gregory G.Dess. E–Business Strategies and Internet Business Models [J]. Organizational Dynamics. 2004, 33 (2).

[40] anonymous. Alllazon. com, Inc. [R/OL]. http: // www.companyseek.com/amazoncominc.htm.

[41] anonymous. The Business Model Ontology–a ProPosition in a design science approach [R/OL]. http: //www.hec.unil.ch/aosterwa/PhD/9.Pdf.

[42] 吕本富. 网络经济的潮起潮落 [EB/OL]. http: //news.sina.com.cn/c/2003–11–07/11522087733.shtml.

[43] 舟野. eBay 商业模式创造新增长 [EB/OL]. http: //news.chinabyte.com/31/1912531.shtml.

[44] 卢煞娟. 网络公司成长与获利模式探讨 [EB/OL]. http: //www.ncl.edu.tw/cgi_bin/theabs/fulltext.cgi? id=88NSYS5375021.

[45] 李辉. 电子商务与企业核心竞争力 [EB/OL]. http: //www.dzsw.org/Aticle/networkecon/200411/2272.html.

[46] 理实佳讯管理顾问公司.如何打造企业赢利模式 [EB/OL]. http: // www.southcn.com/it/itzt/yingli/200310271036.htm.

第十三章　西单大悦城的盈利模式分析

王　丛①

一、前言

（一）西单大悦城盈利模式分析的目的与意义

伴随着我国经济发展水平的提高，生活观念的现代化，城市发展进程的加快，交通设施持续改善，购物中心业态在我国以前所未有的速度发展，同时购物中心已成为新商业地产项目的主流经营模式。

2007 年西单大悦城开业，这是在北京最为集中的商铺开业高峰仍取得了令人瞩目的业绩。这一座建立在西单商圈的唯一的购物中心（Shopping Mall），因其定位准确，引进品牌丰富，在大部分百货商店基本定位于中档的西单商圈中脱颖而出，成了京城购物的新地标。西单大悦城的出现，丰富了西单商圈的业态结构，进一步增强、增加了西单商圈的消费氛围，促进西单商圈的良性发展，促使西单商圈更富有竞争力。

① 王丛（1989~），女，北京人，北京工商大学经济学院贸易经济学 07 级学士。邮箱：0512congcong@sina.com。

为了更好地研究西单大悦城在西单商圈脱颖而出的原因并探究它的盈利模式及其发展中所存在的一些问题，本章参考了西单大悦城的大量资料以及运用“1+5”盈利模式的分析范式，对西单大悦城的盈利模式进行分析。

（二）西单大悦城盈利模式分析的结构框架

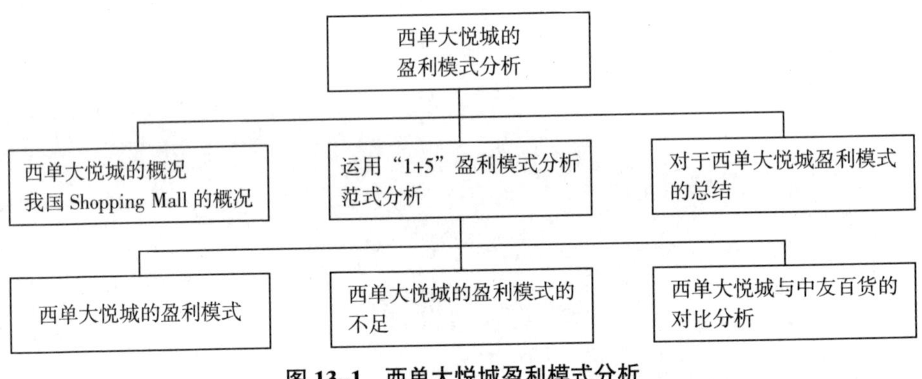

图 13-1　西单大悦城盈利模式分析

二、西单大悦城概述

（一）我国购物中心的发展现状

近年来我国的购物中心如雨后春笋般在全国一线、二线城市建立。据中购联购物中心发展委员会（Mall China）的不完全统计，2002 年中国购物中心总体商业建筑面积为 2195.1 万平方米，2006 年达到 7269.5 万平方米，到 2009 年增长到 12683.8 万平方米；购物中心数量也从 2006 年的 1441 家上升到 2009 年的 2293 家，预计到 2011 年年底，全国购物中心数量将达到 2800 家左右（见表 13-1）。

表 13–1 2006~2010 年我国社会消费品零售总额与 GDP

	2006 年	2007 年	2008 年	2009 年	2010 年
社会消费品零售总额（亿元）	79145	93572	114830	132678	156998
国内生产总值（亿元）	216314	265810	314045	340903	401202[①]

经济发展水平是发展购物中心的一个重要参考依据。由表 13–1 可知，2006~2010 年，伴随着国内生产总值的提高，社会消费品零售总额也逐年提高。作为多业态集合的大型购物中心，要与较高的生产力水平与经济水平相适应。而随着社会生产力的发展以及人们工作效率的提高，人们的工作时间缩短，闲暇时间增多，人们更乐于关注休闲娱乐方面的事物。所以将休闲娱乐与购物相结合的商业设施成了可推广的项目。而城市化的推进，交通设施的便利也为购物中心的发展提供了帮助，人们去购物中心不再是一件困难遥远的事情。

西单大悦城的建立，符合我国现阶段购物中心的发展趋势。西单大悦城与北京首都的氛围相符合，与西单商圈的特点相融合。

（二）西单大悦城的概况

由中粮集团打造，于 2007 年底开业的北京西单大悦城是西单商圈唯一的购物中心，由于其与众不同的经营方式，“一站式”购物理念，诸多国际品牌的进驻，使得它在西单商圈迅速地脱颖而出，成了时尚达人、流行先锋、潮流新贵休闲购物的首选之地。

按购物中心的理想选址方式来看，坐落在城市中心区的西单大悦城，在开业初期并不被业内人士看好，但是在西单大悦城开业之后，其良好的口碑以及经营状况打破了传统购物中心选址的框架。属于商业业态集合体的西单大悦城，将多种业态聚集在一起，几乎涵盖了人们所有不同的消费需求。在西单大悦城，不管你来自何方，不管你年龄多大，都可以在这里找到属于你

① 2011 年 9 月，国家统计局核实数字。

的一份快乐。而位于市中心，交通便利的西单大悦城不仅拥有了作为一个大型购物中心应具备的一切要素，还因地制宜地将经营理念与西单商圈的购物群体做了巧妙的融合。使之成为有西单特色的购物中心，它不仅成了购物、休闲、娱乐的好去处，也是国内外游客来京观光游览的一个好景点（见表 13-2）。

表 13-2　中粮集团大悦城系列数据

中粮集团大悦城系列													
城市	建筑面积（平方米）							占地面积（平方米）	投资额（亿元）	开工时间	竣工时间	开业时间	项目位置
	购物	餐饮	写字楼	酒店式公寓	电影院	停车场	总建筑面积（平方米）						
北京—西单	76400	25700	1.5 万	33200	10400	31700	20.5 万	16073	36	—	2007.3.1	2008.2	北京市西单北大街
北京—朝阳	33 万（地上 23 万）		N/A	10000（地上 70000）	4500	3000 个	43 万	84610	35	2008.6.30	2009.6.30 完成结构封面	2010.5.28	北京市朝阳区朝阳北路 101 号
沈阳	建筑面积 34 万平方米，营业面积 21 万平方米		N/A	38215	1400 位观众	1500 个	34 万	N/A	35		分两期开业，2010 年全部完工	一期 2009.5	沈阳市大东区小东路 6 号
天津	25 万（含影院）		6 万	公寓 46000 住宅 70000	—	3000 个	53 万（含地下）	89000	40	2009.2.2	预计 2010.12	2011 年	南开南门外大街与南马路交口

西单大悦城的总建筑面积为 20.6 万平方米。其中 7.64 万平方米是购物面积，餐饮面积为 2.57 万平方米，电影院面积为 1.04 万平方米，写字楼面积为 15 万平方米。营业面积大于 8 万平方米以上的属于超地区型购物中心，辐射范围高至 25 公里。西单大悦城位于城市中心地段，由于城市中心土地价格较高，开发商将购物中心作为大型项目的一部分来发展，所以我们看到的西单大悦城，不仅是购物中心，而且内部还有写字楼与公寓式酒店。西单大悦城丰富的业态以及优越的地理位置，是其成功的一个基础。

三、西单大悦城的“1+5”盈利模式分析

（一）一个核心

一个核心，即以顾客价值创造商户盈利。创造西单大悦城盈利模式的体系框架。西单大悦城是以消费者为核心，由商户、广告收入共同组成的商业综合体盈利模式。为了满足顾客需求，创造一个顾客认可的有良好发展前途的商业综合体盈利模式。这个创造西单大悦城盈利模式的体系架构，是由五个基本点组成的，即利润对象、利润点、利润源、利润杠杆、利润屏障。

（二）五个基本点

1. 利润对象

利润对象是指消费群体，是店铺所提供的实物产品或服务的购买者和使用者群体，他们是西单大悦城盈利的重要组成部分，西单大悦城需要有明确的利润对象定位，从而吸引利润对象来西单大悦城购物。

西单大悦城的定位很明确——国际化的青年城。所以西单大悦城的利润对象主要以 18~35 岁的学生，白领人群为主。

西单作为一个年轻人的聚集处，学生占了很大一部分比例，热衷于购买折扣较高、相对便宜的产品。针对消费能力较低的学生顾客，西单大悦城利用自身餐饮，娱乐的项目吸引他们前来消费。把年轻的客户群做深度的挖掘，把原有的客户群巩固，同时利用客户群的影响力，他们的口碑波及北京其他的年轻人。综合产品定位，品牌组合，推广这几个方面来经营，形成以年轻人为主体的一个项目。

而收入较高、追逐时尚生活品质的白领人士具有很大的消费能力，西单大悦城丰富的商铺，可以让他们既满足购物的需求，又能在大悦城中娱

乐休闲。

西单大悦城为了迎合利润对象的喜好与购物特点，将室内装潢设计得很时尚、很新潮，店内引进全球知名品牌，其中有多个品牌是首次进驻北京，这无疑为西单大悦城吸引了更多顾客。

关于西单消费者的典型性的分析：在西单消费的消费者，第一次来的人比重非常少，不到 20%；一周来一次的占到了 26%；两周来一次的占到了 25%；一个月来一次的占到了 22%。通过以上统计数据可得知：西单的重复性消费占了很大的比重（见图 13-2）。

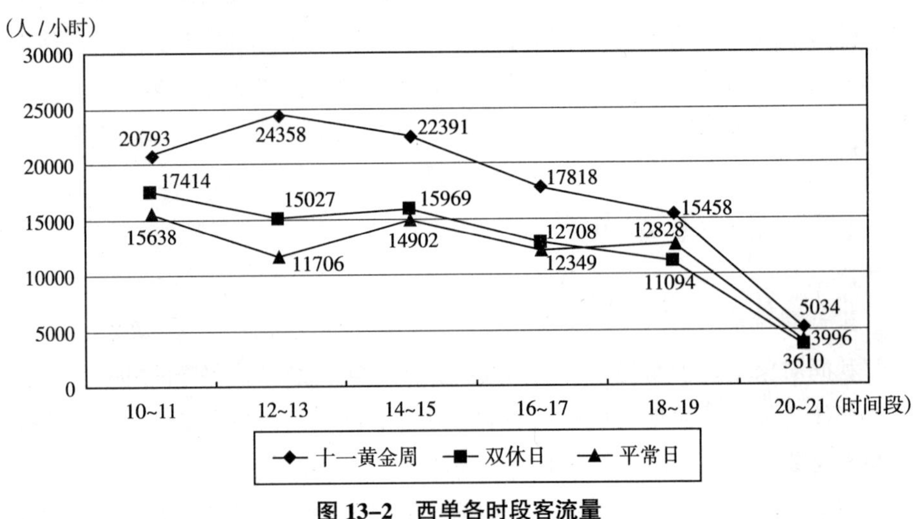

图 13-2　西单各时段客流量

西单大悦城的利润对象除了白领与学生之外，还有大量的潜在利润对象。西单大悦城地理位置优越，交通便利，辐射面广，且停车位丰富。北京市常住 1900 多万的居民，都有可能受到身边人的影响来大悦城购物或者休闲。

北京作为中国的首都，每年吸引 1.4 亿多人次来北京旅游，500 万境外游客，这些旅游人士也是西单大悦城潜在的利润对象。而且西单大悦城还拥有公寓式酒店，舒适的环境以及优越的地理位置是吸引各地游客的一个亮点。西单大悦城不仅是一个购物中心，其华丽的外观以及室内新潮时尚的装潢，已成为北京的商业地标之一，作为旅游观光的一个景点也是非常适宜的。

2. 利润点

利润点：指西单大悦城可以获取利润的产品和服务。利润点一要针对目标客户清晰的需求偏好；二要为构成利润源的客户创造价值；三要为西单大悦城创造价值，它解决的是向用户提供什么样的价值。

西单大悦城的顾客以年轻群体为主。利润点主要有商品与服务。商品有实物商品，例如服装、化妆品等；还有虚拟商品。服务有精神服务，例如电影院；还有物质服务，例如餐饮业、美容美发业等。

西单大悦城作为一个大型的，位于城市中心的购物中心，一站式购物是其很好的利润点，利润对象可以在这一个地方将自己所想买的、所想吃的、所想玩儿的都顾及到。作为西单大悦城的目标客户——白领女性，可以在一楼与二楼购买时尚女装，比如 Zara、Guess、Miss sixty 等，也可以在一层的丝芙兰购买化妆品与护肤品。地下一层还有像万宁这样的药妆店，面包新语这样的面包店。地下二层有龙川小勃美发沙龙等，购物、美容两不耽误。

针对追逐时尚潮流的学生群体，三层到五层的商铺完全可以满足他们的需求，价格适中的潮流以及运动品牌，是学生族最喜欢光顾的店铺。学生中不乏追星一族，位于西单大悦城九层的 FAB 音像店，不定期举办歌手的签售会，也吸引了更多学生族来此消费。

西单大悦城六层以上是餐饮、电影院、健身房。可以说六层以上，是西单大悦城不同于普通百货商店、购物中心之处，是一个好的利润点。一般的购物中心、百货商店，开到六层以上几乎就没有商铺了。而西单大悦城将六层以上建立为娱乐餐饮休闲的场所，极大程度上延长了利润对象在西单大悦城所停留的时间，同时也吸引了周边的居民来大悦城消费。

3. 利润源

利润源指的是西单大悦城的收入来源，即从哪些渠道获取利润，解决的是收入来源的渠道问题。西单大悦城的收入来源，主要由商铺租金、广告、服务费等部分组成。

商铺租金：总建筑面积为 20.5 万平方米，商业面积 11.5 万平方米的西单大悦城，租金价格在 50~70 美元/月/平方米，位于较好位置的租金价格在 150 美元/月/平方米左右。不菲的租金，并没有影响大悦城源源不断的商户进驻，相反，大悦城对于进驻商家的严格把关，为大悦城树立了良好的口碑。西单作为北京最繁华的商圈，商业氛围浓郁，消费人群趋于年轻化。而大悦城的功能定位吻合了青春、时尚的主流群体的需求。人气带动商业，这里的租金高却合理。通过优质的持有型物业获得稳定的租金收入，一直是大型集团公司和综合性地产集团的目标。考虑到整个项目的未来发展，品牌店带来的租金仅仅是一方面，能否带来更多的消费群才是选择关键。

广告收入：西单大悦城自身拥有的广告收入，通过改造开发自身建筑物，使其成为具有广告宣传功能的媒体，再通过出租或出售这些广告空间所获得的收入。大致包括：

（1）内部：内部专用促销区域、商品展示区、内部功能区命名、商场内指示牌、扶梯广告等。

（2）建筑物外立面：橱窗贴士、电子大屏幕、立壁贴士、立壁灯箱广告、门柱广告、门口自动擦鞋机、出入口地面贴、楼顶广告牌等。

（3）广场：外部广场促销区、广场灯杆挂旗、广场旋转灯柱、电子大屏幕、广场自动售货机、休闲区太阳伞、广场地面贴、广场指示牌、绿化带霓虹灯广告等。

（4）停车场：地下停车场广告灯箱等。

（5）其他：手提袋、商品信息手册、商场内部广播等。

临时性宣传收入：例如，临时促销活动的产品宣传费、演唱会的赞助费，以及气球、横幅、POP 传单、商场内部挂旗等节假日促销活动宣传用品。

服务费收入：西单大悦城作为物业管理方，向商户提供了物业管理服务。商户不光要缴纳租金，还要承担对购物中心进行维护的服务费。西单大悦城内设停车场，拥有 1000 多个地下停车位的西单大悦城，在北京市停车费上涨之后，停车费的收入也是一笔非常可观的收入。

4. 利润杠杆

利润杠杆：是西单大悦城将购物中心中的产品或服务以及吸引客户购买和使用企业产品或服务的一系列相关活动，必须与企业的价值结构相关，它回答了企业能够提供的关键活动有哪些。

西单大悦城为了更好地吸引客户，自营业以来开展了一系列的经营策划活动，不管是与品牌的商业合作活动，还是针对节日期间在西单大悦城展开活动，都取得了不错的效果。西单大悦城很好地针对不同的时期，不同的消费群体，以及不同的产品，因地制宜地打造了一系列适合西单大悦城的商业活动。

在 2009 年 8 月，西单大悦城与同为中粮旗下的饮料品牌“悦活”举办了名为“悦活种植大赛”的线下活动。当年正逢开心网上“偷菜”热潮，这个活动的举办，吸引了大批开心网的网友前来大悦城参加活动，活动点分布在大悦城的 1~5 层，要想成功获得奖品势必要走遍这 5 层，这次活动的举办让更多的人知道了西单大悦城、了解了西单大悦城。

北京燕宝 MINICooper 与西单大悦城合作举办“MINI 悦购季”，承诺在“MINI 悦购季”结束的时候，通过抽奖可以让幸运顾客免费获得一辆价值 30 万元的时尚 MINICooper。这种活动不仅为西单大悦城拉来了客户与商机，还提高了西单大悦城在京城购物中心的地位（见图 13-3）。

图 13-3　为 2010 年西单大悦城圣诞主题“魔幻”

在图 13-3 中，可以看出西单大悦城的外观时尚靓丽，迎合了年轻群体的喜好。圣诞主题突出，有华丽的圣诞树与灯饰。两只硕大的水晶灯泡体现出魔幻的主题，给顾客耳目一新的感觉。每逢圣诞新年之际，西单大悦城总会摆出应景的节日景观。每一年的景观都有其主题。2008 年的“天鹅湖”，2009 年的“马戏王国”，2010 年的“魔幻”，每一年西单大悦城的节日景观都会引得顾客在门口与之合影留念。2010 年西单大悦城还与魔时网合作推出了记录“我的 Magic 瞬间”的摄影比赛活动，参与网上活动进行照片 PK，赢家可获得包括大悦城购物卡在内的丰富礼品。

5. 利润屏障

利润屏障：是指企业为防止竞争者掠夺本企业利润而采取的防范措施，它与利润杠杆同样表现为企业投入，但利润杠杆是撬动“奶酪”为我所用，利润屏障是保护“奶酪”不为他人所动，它解决的是如何保持持久盈利的方法。

西单大悦城对引进商户的环节严格把关，不管是餐饮、购物、娱乐、美发，大悦城管理中心都对其进场进行严格的审核把关，对于与大悦城形象不符的，质量不过关的商户予以清除。现在一些机关单位将大悦城购物卡作为员工福利发放给员工，这样就将一部分有实力的顾客留在了大悦城。

西单大悦城的经营理念与其企业文化，是竞争者无法复制的。开业之初西单大悦城就将消费群体定位在西单购物、消费的年轻人群，招引商铺，店内外的装饰，都是迎合了年轻一族的喜好而建立的。即使年长的顾客来到西单大悦城也会感觉到与时尚的近距离接触。西单大悦城从开业之前就精心设计的各种细节以及经营理念，使得竞争对手无法照搬，这也促使了西单大悦城在西单商圈内发展良好。

四、西单大悦城的盈利模式所存在的问题及不足

（一）一个核心

西单大悦城的盈利模式体系架构是由利润对象、利润点、利润源、利润杠杆、利润屏障这五个基本点组成的。虽然西单大悦城现在的经营状况在西单商圈内不错，但是为了更好地盈利，达到可持续发展，还需要对西单大悦城盈利模式所存在的不足进行分析。笔者利用这五个基本点，结合西单大悦城的现状进行分析，分析西单大悦城的盈利模式所存在的问题，找出西单大悦城目前的不足，提出可促使西单大悦城更好盈利的建议。

（二）五个基本点

1. 利润对象

西单大悦城的利润对象比较年轻，在顾及主要的利润对象时难免会将中年人，这一个也较有实力的群体忽视。建议西单大悦城在稳固现有利润对象的基础上，对于有实力的中年人群市场加以开发。可以让年轻的利润对象带动年长的利润对象一起到大悦城消费。通过间接影响，连带消费，吸引中年顾客群体也来到西单大悦城消费。向中年人群宣传，来到大悦城的顾客都是年轻顾客，从而拉近与中年顾客的心理距离。

2. 利润点

西单大悦城的业态丰富，拥有着不同的业态组合。不同的业态组合提供了不一样的商品与服务，其利润点也不同。但在西单大悦城丰富的业态中，涉及婴幼儿用品以及宠物用品的店铺很少。随着时间的推移，西单大悦城现有的年轻顾客即将步入婚育年龄，婴幼儿用品的需求将加大。将婴幼儿用品

店引进，是一个新的利润点。还可以建立一个儿童游乐中心，这样年轻的家长既可以满足自己购物需求，也能给孩子一个娱乐的空间，不会因为担心孩子无人照顾而放弃购物。最近几年流行的宠物美发沙龙也可以考虑引进，养宠物的人越来越多，以上这几个利润点如果合理发展，想必会加强西单大悦城的竞争力，提高西单大悦城的盈利率。

3. 利润源

目前西单大悦城的利润源是同传统的购物中心一样，依靠商户租金、服务费，以及广告收入。如果能在西单大悦城现有基础以及现有优势上挖掘新的利润源，那么西单大悦城的竞争力将变得更强。中粮集团旗下还有其他品牌，比如，“悦活”、“我买网”。西单大悦城如果可以结合“我买网”，做一个“我买网”线下体验店，令网络购物变得真实，令不熟悉网购的人，例如中老年人士，让他们既能在店中学习网购的方法，也能买到放心的好产品。这强强联合，达到双赢或许是一个不错的选择。

4. 利润杠杆

西单大悦城以往开展的活动主题主要集中在与品牌的合作中，活动层出不穷，但是很难长时间吸引顾客的注意力，往往顾客只是看一看，并不会驻足停留。而且以往活动所请来的明星，知名度一般，如果日后可以请来一线明星来参加大悦城的活动，想必可以吸引明星的粉丝来西单大悦城。西单大悦城作为北京市的一个时尚地标，如果可以与旅行社联合开展活动，使得游客来西单大悦城游玩，也是为西单大悦城营造人气的一个好举措。

5. 利润屏障

西单大悦城自身优势是它明确的定位——国际化的青年城。自身丰富的业态，一站式购物的环境，使之抓住了西单商圈的年轻顾客。而现在西单大悦城向各大单位发售的大悦城购物卡，可以吸引一定的中年人来此购物。但是销售购物卡只是一时之计，相比中年人更爱去的百货商场，西单大悦城要针对商圈内的竞争对手采取一定的措施。

五、西单大悦城与中友百货盈利模式的不同

（一）一个核心

在繁华的西单商圈中，属于购物中心业态的西单大悦城与属于百货商店业态的中友百货都具有可观的营业额、良好的知名度以及固定的顾客群体。同属西单商圈的西单大悦城与中友百货的业态不同，利用这个盈利模式的框架，对它们的盈利模式进行比较，分析出它们盈利模式上的异同。

（二）五个基本点

1. 利润对象

西单大悦城的利润对象非常明确，以 18~35 岁的年轻群体为主。定位年轻化，不管是所售商品还是室内装潢都迎合了西单商圈的年轻人。而中友百货的经营目标是："高感度的空间、国际性的商品、全生活的服务"，这样的传统百货的利润对象以中年人为主。传统的百货商店经营着产品种类较固定的商品。他们的服务非常贴心，比较能留住现有的利润对象。

2. 利润点

西单大悦城的业态丰富，作为一个大型的购物中心，拥有许多中友百货这样的百货店所没有的业态种类。而且西单大悦城还拥有品牌的直营店铺，例如：苹果、Zara、H&M，这些店铺都是中友百货所不具备的。即使中友百货要引进这些商家，商家也会考虑自身销售的策略，不会在西单商圈密集开店。西单大悦城还拥有电影院、音像旗舰店，以及诸多的高质量餐饮商家。而中友百货缺少娱乐设施，餐饮商家较少，且餐饮环境没有西单大悦城好。但是中友百货经营珠宝首饰，经营珠宝首饰是一个很大的利润点，这是西单

大悦城所不具备的。中友百货一层有着北京市最齐全的各个品牌的化妆品柜台，相比之下西单大悦城只拥有丝芙兰化妆品超市以及一些药妆超市，零散的化妆品店，显然，经营珠宝首饰不是西单大悦城的优势。

3. 利润源

西单大悦城的利润源主要来自商户租金，服务费，以及广告收入。中友百货的利润源是以收取返点，以及管理费、服务费为主要收入来源。相比之下西单大悦城的利润源更加稳固，物业式地收取租金，统一管理。而中友百货需要做各种促销活动，招徕顾客购物。

4. 利润杠杆

西单大悦城与中友百货的最大不同是西单大悦城总是有各种各样的活动，而且针对不同的顾客群，不同产品展开不同的活动。根据不同主题的活动同时进行，且规模较大。西单大悦城地下二层还长期设立了折扣区域，让顾客总能淘到实惠。而中友百货一般在节庆期间展开大力度促销的活动，平时的活动较少。而中友百货与商家合作的活动，例如，新品推广展台活动，一般也就持续一个周末，很快就结束了，持久性没有西单大悦城好。

5. 利润屏障

西单大悦城拥有不同的业态组合，一站式的购物方式是在西单商圈内独树一帜的。西单大悦城自身拥有许多商户是中友百货所没有的，例如苹果、Zara、H&M 等，这就使得顾客只能选择来西单大悦城购买这些品牌的商品。西单大悦城丰富的业态，即使顾客待上一天，也不会觉得腻，购物之余看电影、吃饭，很大程度上延长了顾客在西单大悦城的时间，丰富的业态可以满足不同购物群体的需求。作为家庭购物休闲娱乐的场所，往往人们来了西单大悦城也就不想再去西单商圈的其他百货商店奔波了。而中友百货通过为会员办理中友会员卡，实行购物积分，以及节假日多倍积分返礼券的方式来留住顾客。而且中友百货的化妆品区域种类非常丰富，许多牌子是西单大悦城没有的。中友百货与资和信商通卡合作，各大单位作为福利发放给职工的商通卡之类的购物卡在中友百货均可消费，这也是中友百货的一个优势。而西单大悦城可使用的购物卡就比较少，作为购物卡大军的中年人士自然不太会光顾西单大悦城。西单大悦城与中友百货各自具有自己独特的优势，虽然同处于西单商圈，成为竞争对手是不可避免的一件事情，但是由于它们的经营种类既有交集，也有各自独特的优势，各自拥有不同的客户群体，使得它们的竞争是相互促进的良性竞争，不同的经营方式，不同的业态种类避免了同质化，相互促进发展共同让西单商圈变得更吸引人，使西单商圈在北京更具有竞争力。

六、小结

在城市中心地段建立的西单大悦城，在开业之初并不被人们看好。但是西单大悦城根据西单商圈的购物环境，购物群体来设定自身的经营模式，获得成功。西单大悦城很好地研究了西单商圈主要的消费群体，即年轻群体。针对年轻的消费群体，研究了消费群体心理，引进了时尚潮流商户，装潢设计都符合年轻消费群体的喜好。对于价格，西单大悦城引进的商家，没有奢侈品牌，都是年轻人群消费得起的时尚品牌，使年轻的消费群既能满足他们对时尚的需求，也能承受起合理的价格。西单大悦城还满足了消费者对于消费层次的最高级别的需要，即消费是用于提高生活质量的消费资料，也是消费的最高层次。在西单大悦城，消费者可以满足物质上的需求，可以满足精神上的需求，还可以满足消费者社交的需求以及被尊重的需求。西单大悦城不单单是一个购物中心，更是一个品牌形象，在年轻消费者心中有着很重要的地位。西单大悦城的盈利模式，是具有其自身特色的盈利模式，是针对西单商圈而制定的盈利模式。这种盈利模式值得其他购物中心去探究，但是不适合照搬西单大悦城的盈利模式。

参考文献

［1］洪涛. 流通产业经济学［M］. 北京：经济管理出版社，2007.

［2］看购物中心如何获取更大利润［EB/OL］. 华南商业网，http://www.hnchain.com/mall/jysw/83201.html，2010-12-03.

［3］李飞. 零售革命［M］. 北京：经济管理出版社，2003.

[4] 黄国雄. 商业改变生活　商业改变城市 [J]. 现代商业，2006 (3).

[5] 董春山. 如何有效地投资和管理购物中心 [J]. 开发与建设，2005 (4).

[6] 西单大悦城. 源于西单　高于西单 [EB/OL]. http://bj.house.sina.com.cn/biz/hd/2009-02-11/1138790.html.

[7] 黄国雄. 本土零售业的区域化战略 [J]. 东方企业文化，2006 (1).

[8] 费明生. 从零售业态的生存机理看我国购物中心的发展 [J]. 商业研究，2002 (6).

[9] 吴宝. 以沃尔玛为例谈外资零售企业的价格策略 [J]. 市场经济，2005 (4).

[10] 唐·舒尔茨. 论品牌 [M]. 北京：人民邮电出版社，2005.

[11] 乔纳森·雷诺兹，克里斯廷·卡斯伯森. 制胜零售业 [M]. 北京：电子工业出版社，2005.

[12] 洪涛，邱成军. 品牌的力量 [M]. 北京：经济管理出版社，2010.

[13] 郑灿雷. 浅谈零售企业如何实施体验营销 [J]. 商业经济，2004 (11).

[14] 姚仁杰. 体验营销在零售业中的应用探讨 [J]. 商业研究，2006 (4).

[15] Kathleen Chu. Katsuyo Kuwako. Mitsui Fudosan to Open More Shopping Malls in China [J]. Businessweek，2010 (7).

[16] 涨石森，欧阳云. 哈佛模式管理全集——哈佛 MBA 核心竞争力全书 [M]. 呼和浩特：远方出版社，2003.

[17] 迈克尔·波特. 竞争优势 [M]. 陈小悦译. 华夏出版社，1997.

[18] 国家信息中心. 中国行业发展研究报告——零售业 [M]. 北京：中国经济出版社，2005.

[19] 詹姆斯·格雷戈尔. 四步打造卓越品牌 [M]. 胡江波译. 哈尔滨：哈尔滨出版社，2005.

[20] 王燕平. 零售商如何开发自有品牌 [J]. 中外管理，2003 (9).